TEMPÊTE DE PRIÈRE

GUIDE DE PRIÈRE QUOTIDIEN

ÉLARGI PAR L'INTIMITÉ ET LA FOI

JANVIER – FÉVRIER 2026

Godson T. Nembo

ÉLARGI PAR L'INTIMITÉ ET LA FOI

Droits d'auteur @ Décembre 2025

Publié au Cameroun par
Réseau chrétien de restauration
crnprayerstorm@gmail.com,
prayerstorm@christianrestorationnetwork.org

ISBN : 978-1-63603-336-5

Tous droits réservés !
Aucune portion de ce livre ne doit être utilisée sans la permission écrite du publicateur, sauf les extraits brefs publiés dans les journaux, les articles, etc.
Sauf indication contraire, toutes les citations bibliques sont extraites de la Sainte Bible, Louis Segond.

CONTACT
BP 31339 Biyem-assi, Yaoundé, Cameroun
Tel : (237) 679.46.57.17, 652.38.26.93 or 696.56.58.64
Émail : **godsonnembo@gmail.com** ou
contact@christianrestorationnetwork.org
www.christianrestorationnetwork.org

OÙ ACHETER CE LIVRE : CONFER LA DERNIÈRE PAGE

Boutique Tempête de prière en ligne : Avec MTN ou Orange Mobile Money *(pout les résidents au Cameroun)* et le portefeuille électronique *(pout ceux résidant à l'étranger)*, vous pouvez facilement obtenir la version électronique de ce livre et d'autres parutions du RCR via www.amazon.fr au

https://shorturl.at/pqxyT ou
www.christianrestorationnetwork.org/our-bookstore.
https://goo.gl/ktf3rT

VOUS POUVEZ ACCÉDER À TOUTES LES COPIES IMPRIMÉES DE NOS LIVRES POUR TOUTE DURÉE SPÉCIFIÉE À VOTRE PORTE.
Contactez le (237) 679465717 pour les détails d'abonnement et de paiement.

Traduit en Français par : Manuela Fotso : (237) 674647131/ 696067989 et Tatiana Iyeme : (237) 678143176

Imprimé à Yaoundé au Cameroun par Mama press : (237) 677581523

AU SUJET DES TÉMOIGNAGES :
Votre témoignage est une arme contre le royaume des ténèbres. Il est aussi une semence pour le miracle d'autrui. Partagez avec nous ce que Dieu a utilisé ce Guide de prière et nos livres pour faire dans votre vie ; par SMS, appel téléphonique ou émail.

DEVENEZ UN PARTENAIRE DU MINISTÈRE :
Composez le (237) 679.46.57.17 ou 674.49.58.95 ou 699.90.26.18 ou envoyez un email à :
crnprayerstorm@gmail.com ou
contact@christianrestorationnetwork.org

Envoyer votre soutien financier à :
- ECOBANK N° de compte : **0040812604565101**
- Carmel Cooperative Credit Union Ltd. Bamenda N° de compte : **261**
- ORANGE Mobile Money N° de compte : **699902618**
- MTN Mobile Money N° de compte : **674495895**

APPEL AUX DIFFUSEURS :
Si vous êtes intéressé par la distribution de ce guide de prière quotidienne Tempête de prière, appelez ou envoyez un SMS à l'un de ces numéros pour négociation : (237) 675.68.60.05 ou 677.43.69.64 ou 674.49.58.95 ou 699.90.26.18, ou envoyez un email à :
crnprayerstorm@gmail.com (cf. la dernière page).

TABLE DES MATIÈRES

ÉVÈNEMENTS IMPORTANTS/ANNONCES XI

COMMENT DEVENIR UN ENFANT DE DIEU XIV

MAINTENANT QUE TU ES NÉ DE NOUVEAU XVI

COMMENT UTILISER CE GUIDE DE PRIÈRE QUOTIDIEN XIX

JEUDI 1ER JANVIER	LE FONDEMENT DE L'EXPANSION	21
VENDREDI 2 JANVIER	ÉLARGI DANS LE LIEU SECRET	24
SAMEDI 3 JANVIER	ALLONGE LE CORDAGE DE TA VIE DE PRIÈRE	27
DIMANCHE 4 JANVIER	L'APPEL À DEMEURER EN LUI	30
LUNDI 5 JANVIER	ÉLARGI PAR L'OBÉISSANCE	46
MARDI 6 JANVIER	LAISSE LE SAINT-ESPRIT T'INCUBER	49
MERCREDI 7 JANVIER	CONCENTRE-TOI SUR LA DIRECTION DIVINE	52
JEUDI 8 JANVIER	LES PÉCHÉS DE SODOME	55

VENDREDI 9 JANVIER	ÉVEILLE TES SENS SPIRITUELS	58
SAMEDI 10 JANVIER	PIÉGÉ PAR LE JEÛNE ?	60
DIMANCHE 11 JANVIER	LA PUISSANCE DE LA VISION	63
LUNDI 12 JANVIER	DEMEURE AVEC LE SAINT-ESPRIT	66
MARDI 13 JANVIER	DÉVOILER LES TRÉSORS CACHÉS	69
MERCREDI 14 JANVIER	SOIS UN HOMME OU UNE FEMME DE PAIX	71
JEUDI 15 JANVIER	METS DE L'ORDRE DANS TA VIE	74
VENDREDI 16 JANVIER	RÉPONDRE À LA RÉVÉLATION DIVINE	77
SAMEDI 17 JANVIER	NE TE LIMITE PAS !	79
DIMANCHE 18 JANVIER	LORSQUE DIEU VEUT DÉTRUIRE UN HOMME	81
LUNDI 19 JANVIER	ÉLARGI PAR LA SOUFFRANCE	84
MARDI 20 JANVIER	ÉLARGI EN SE LAISSANT ÊTRE BRISÉ	87

MERCREDI 21 JANVIER	RECHERCHE SA FACE, PAS UNIQUEMENT SA MAIN	90
JEUDI 22 JANVIER	OUBLIE LE PASSÉ HONTEUX	93
VENDREDI 23 JANVIER	BAIGNÉ DANS DU LAIT	96
SAMEDI 24 JANVIER	PARFUMÉ DE MYRRHE	98
DIMANCHE 25 JANVIER	DÉTRUIS LE VOILE DE L'ORGUEIL	100
LUNDI 26 JANVIER	NE MANGE PAS TA SEMENCE	103
MARDI 27 JANVIER	LES SEPT LOIS POUR GAGNER DE L'ARGENT	106
MERCREDI 28 JANVIER	CINQ FAÇONS DE DÉMARRER UNE PETITE ENTREPRISE	109
JEUDI 29 JANVIER	CROISSANCE ACCÉLÉRÉE EN GRÂCE	112
VENDREDI 30 JANVIER	BÉNÉFICIER DE L'IMMUNITÉ SPIRITUELLE	115

SAMEDI 31 JANVIER	VALORISE LES RELATIONS D'ALLIANCE	117
DIMANCHE 1ER FÉVRIER	ENTRE DANS LE RÈGNE DE LA FOI	120
LUNDI 2 FÉVRIER	LA FOI QUI OUVRE LA VOIE AU POSSIBLE	123
MARDI 3 FÉVRIER	LA FOI QUI OUVRE DES PORTES	126
MERCREDI 4 FEVRIER	DEMANDE UNE STRATÉGIE À DIEU	129
JEUDI 5 FEVRIER	QU'EST-CE QUI TE MOTIVE ?	132
VENDREDI 6 FEVRIER	LE DIEU QUI DÉFEND TA PORTION	134
SAMEDI 7 FEVRIER	COURS VERS LA VILLE DE REFUGE	136
DIMANCHE 8 FEVRIER	JÉSUS-CHRIST, TON ÉPOUX	138
LUNDI 9 FEVRIER	LA SAGESSE DIVINE POUR LA CROISSANCE DE TON ENTREPRISE	140
MARDI 10 FEVRIER	SOIS LE CHANGEMENT QUE TU VEUX VOIR	143

MERCREDI 11 FEVRIER	UN CITOYEN BÉNI 146
JEUDI 12 FÉVRIER	TIENS FERME DANS LA BATAILLE 149
VENDREDI 13 FEVRIER	PRIORISE L'ESSENTIEL.......... 152
SAMEDI 14 FEVRIER	HONORE TON MARIAGE 154
DIMANCHE 15 FÉVRIER	QU'EST-CE QUI TE RONGE DE L'INTÉRIEUR ? 156
LUNDI 16 FEVRIER	LA PAIX DANS LA TEMPÊTE 159
MARDI 17 FEVRIER	GARDE TA CONSCIENCE PURE 162
MERCREDI 18 FÉVRIER	COMMENT NE PAS S'ÉTEINDRE SPIRITUELLEMENT 165
JEUDI 19 FÉVRIER	DIEU PREND DU TEMPS POUR FAIRE CERTAINES CHOSES 168
VENDREDI 20 FEVRIER	LA MEILLEURE PRIÈRE.....................171
SAMEDI 21 FEVRIER	DÉRACINE-LA ! 174
DIMANCHE 22 FEVRIER	LA PAIX SOIT AVEC TOI 177

LUNDI 23 FEVRIER	PURIFIÉS PAR DIEU 180
MARDI 24 FEVRIER	QUELQU'UN ESSAIE-T-IL DE TE DÉTRUIRE ? 183
MERCREDI 25 FEVRIER	TON NOM NE DOIT PAS T'ARRÊTER 186
JEUDI 26 FEVRIER	LA SOURCE DE LA FORCE FAMILIALE 189
VENDREDI 27 FEVRIER	IL TE PORTERA 192
SAMEDI 28 FEVRIER	L'ÉCHEC N'EST PAS UNE OPTION 194

L'UTILITE DE VOTRE SOUTIEN 197

TÉMOIGNAGE 197

OÙ ACHETER CE GUIDE DE PRIÈRE 198

PUBLICATIONS DU RÉSEAU CHRÉTIEN DE RESTAURATION (RCR/TEMPÊTE DE PRIÈRE) 209

ÉVÈNEMENTS IMPORTANTS/ANNONCES

PROGRAMME SPÉCIAL DE TEMPÊTE DE PRIÈRE

21 JOURS DE JEÛNE ET DE PRIÈRE POUR PRENDRE POSSESSION DE LA NOUVELLE ANNÉE	Thème	Date	LIEU
	ÉLARGI PAR DIEU	Du lundi 5 au dimanche 25 janvier 2026	Centres de prière à travers le monde

ÉCOLE DE PRIÈRE 2026

50 NUITS DE PUISSANCE 2026	Rejoignez-nous pour la 2ᵉ édition de l'ÉCOLE DE PRIÈRE	*Du samedi 1ᵉʳ février au samedi 22 mars 2026*	Préparez-vous à vivre une rencontre qui changera votre vie

PROGRAMME SPÉCIAL : JE PRIE POUR VOUS

Joignez-vous au Pasteur Godson pour une demi-heure de dévotion matinale **chaque LUNDI, MERCREDI,** et **VENDREDI** à parti de **6h** en directe sur Facebook, YouTube **@PastorGodsonNemboTangumonkem**

HEURE DE LA RESTAURATION

Joignez-vous au Pasteur Godson et Anna TANGUMONKEM pour l'HEURE DE LA RESTAURATION **tous les MARDIS** matin de **6h** à **7h30** dans la Salle des fêtes « Fontaine de grâce » à Jouvence, rue Mendong – Yaoundé, Cameroun.

Un moment d'intercession prophétique pour les individus, les familles et les nations.

ANNONCES

- Festival de feu Tome 1-5 et Le pouvoir doit changer de camp Tome 1-10, à présent disponibles à 3.000 FCFA et 2.500 FCFA respectivement. Passez vos commandes dès aujourd'hui.
- Abonnez-vous annuellement au Guide quotidienne de prière à partir de 10.000 FCFA pour vos copies numériques.
- Tous nos ouvrages sont disponibles au siège social du CRN : 1er étage du bâtiment à étages, Entrée Lycée de Tsinga, village, en bordure de la route principale. **Contacts :** 681.72.24.04, 695.72.23.40
- Caisse populaire Carmel Credit Union, Agence de Yaoundé située à Carrefour Biyem-Assi, au rez-de-chaussée du bâtiment à étages, en face de la Croisade Campus pour Christ. **Contact :** +237 652.83.55.04
- Librairie Tempête de prière (Prayer Storm Bookshop), Cow Street Nkwen – Bamenda. Nous vendons nos livres, des Bibles et d'excellents ouvrages chrétiens. **Contacts :** 675.14.04.50, 674.59.35.98, 679.46.57.17.

PROJET DU CAMP DE PRIÈRE POUR LA RESTAURATION

- La POSE DE LA PRMIÈRE PIERRE DE LA MAISON DE PRIÈRE DE RESTAURATION à Tsinga Village, Yaoundé, a eue lieu en décembre 2023
- La construction de la base du RCR à Yaoundé au Cameroun a commencé en janvier 2020.

- Pour plus s'informations concernant votre participation à ce projet, appelez-nous ou envoyez-nous des SMS au **(237) 674.49.58.95, 678.16.46.88, 673.50.42.33, 699.90.26.18.**

Questionnaire de rétroaction :
Nous serons ravis d'entendre vos suggestions sur la façon dont nous pouvons améliorer ce livre : Envoyez vos commentaires au **(237) 681722404**, utilisez le lien ci-dessous :
https://prayer-stormdevotional.paperform.com/
ou scannez le CODE QR ici pour remplir le formulaire en ligne.

COMMENT DEVENIR UN ENFANT DE DIEU

Il ne suffit pas d'aller à l'église et de prier. « Si un homme ne naît de nouveau, il ne peut voir le royaume de Dieu. » (Jean 3 :3). Les étapes suivantes t'aideront à savoir que faire pour naître de nouveau.

Étape 1 : Dieu t'aime et t'offre un plan merveilleux pour ta vie.

« Car Dieu a tant aimé le monde qu'il a donné son Fils unique, afin que quiconque croit en lui ne périsse point, mais qu'il ait la vie éternelle. » (Jean 3 :16). Jésus a dit : « Moi, je suis venu afin que les brebis aient la vie, et qu'elles soient dans l'abondance. » (Jean 10 :10).

Peu importe qui tu es et ce que tu as fait, Dieu t'aime malgré tout et Il veut te sauver (Rom.5 :8).

Étape 2 : Tes péchés t'ont séparé de Dieu ; c'est pourquoi tu n'expérimentes pas son plan merveilleux pour ta vie.

« Car tous ont péché et sont privés de la gloire de Dieu. » (Rom.3 :23) ; *« Car le salaire du péché c'est la mort [séparation spirituelle d'avec Dieu] » (Rom.6 :23)*. Toutes tes activités religieuses et tes efforts ne peuvent pas te sauver. Dieu a pourvu à une solution pour toi.

Étape 3 : Jésus-Christ est le seul chemin pour retourner à Dieu.

Jésus a dit : *« Je suis le chemin, la vérité et la vie. Nul ne vient au Père que par moi. » (Jean 14 :6)*. Jésus-Christ est le seul sacrifice que Dieu peut accepter pour tes péchés. Tu peux te connecter au plan de Dieu pour ta vie à travers Lui.

Étape 4 : Tu dois recevoir Jésus-Christ comme ton Seigneur et Sauveur. C'est alors que tu pourras expérimenter le plan de Dieu pour ta vie.

Reçois-Le par une invitation personnelle et par la foi. *« Voici, je me tiens à la porte, et je frappe. Si quelqu'un entend ma voix et ouvre la porte [ton cœur], j'entrerai chez lui, je souperai chez lui, et lui avec moi. » (Apo.3 :20).*

Si tu es prêt à donner ta vie à Jésus-Christ maintenant, fais cette prière de tout ton cœur.

« Cher Seigneur Jésus-Christ, j'ai besoin de toi. Je t'ouvre la porte de mon cœur et je te reçois comme Seigneur et Sauveur. Pardonne tous mes péchés et lave-moi de ton sang. Fais de moi la personne que tu veux que je sois. Merci de m'avoir sauvé. »

Félicitations ! Tu es à présent un enfant de Dieu.

Appelle-nous maintenant pour qu'on prie pour toi au (237) 652.38.26.93 ou 696.56.58.64

(Pasteur Godson T. Nembo et l'Équipe de Tempête de prière)

MAINTENANT QUE TU ES NÉ DE NOUVEAU

Décider de devenir un chrétien né de nouveau c'est la meilleure décision que tu aies jamais prise de ta vie et je t'en félicite. Les points suivants te permettront de jouir de ta nouvelle vie en Jésus-Christ.

1. **Vis avec la conscience que tu es sauvé :** il est fondamental que tu sois certain de ta nouvelle foi. C'est ce qu'on appelle l'assurance du salut. Crois que tes péchés ont été pardonnés et que Dieu les as oubliés en vertu du prix que Jésus a payé en offrant sa vie en sacrifice sur la croix, et crois que tu n'es plus sous aucune condamnation (Actes 16 : 31, Rom. 8 :1-2, 2Cor. 5 : 17, Jn. 1 :12).

2. **Rejoins une communauté chrétienne :** par la nouvelle naissance, tu es entré dans la famille de Dieu. Trouve une église qui enseifrgne et pratique fidèlement les écritures, où l'adoration te permet d'être en communion avec Dieu, où les gens sont amicaux, et où la croissance spirituelle est encouragée (Héb. 10 : 25, Gal. 6 : 10).

3. **Procure-toi une bible et étudie-la quotidiennement** : tu peux commencer par Jean, ensuite Actes, Romains, etc. Tout comme un enfant a besoin de nourriture physique pour grandir, la parole de Dieu est la nourriture spirituelle qui nous fait grandir pour être semblables à Christ (1Pi. 2 : 2 , Jn. 5 : 24). Consulte d'autres chrétiens matures pour toutes explications.

4. **Communie quotidiennement avec Dieu :** à travers la prière, nous parlons avec Dieu, nous lui exprimons nos fardeaux, de même que nous lui offrons notre adoration, notre louange et notre reconnaissance. Nous avons aussi le privilège d'écouter Dieu nous parler, déversant sur nous son amour, sa paix, ses bénédictions et son orientation divine (Rom. 10 : 9, 1Thes. 5 : 17, 1Pi. 5 : 8).

5. **Détruis tout ce que tu possèdes de diabolique :** abstiens-toi de tout ce qui ne glorifie pas Dieu. Élimine toute mauvaise chose liée à ta vie de péché passée ; les choses telles que les objets pornographiques, l'argent et les biens volés, les talismans, les charmes, les grigris, etc. (2Cor. 6 : 17, Tit. 2 : 11).

6. **Sépare-toi des mauvais amis et fais-toi de nouveaux amis pieux :** maintenant que tu es né de nouveau, tu dois abandonner l'ancien mode de vie et marcher dans la vérité (Ps. 1 : 1-3, 2Cor. 4 : 2, 5 : 17, Éph. 4 : 22, 1Jn. 1 : 6).

7. **Fais-toi baptisé :** le baptême d'eau par immersion authentifie publiquement notre salut et affirme notre appartenance au corps de Christ (Rom. 6 : 4, Col. 2 : 12, Matt. 28 : 19, Actes 2 : 38, 8 : 36).

8. **Recherche le baptême du Saint-Esprit :** le Saint-Esprit nous rassure que nous sommes sauvés et nous habilite pour vivre et faire des exploits pour Dieu à travers des dons spéciaux (Rom. 8 : 14, Actes 2 : 1-4, 10 : 38, Éph. 5 : 18).

9. **Parle de Jésus aux autres :** notre caractère doit témoigner de notre transformation intérieure. Aussi, notre désir ardent de parler de l'amour de Dieu aux autres et de les conduire à Christ est une preuve de notre salut (Jn. 4 : 28-29, Actes 4 : 10, 22 : 14, 2Tim. 2 : 2).

10. **Adore Dieu avec tes biens, à travers les offrandes et les dîmes :** donner à cœur joie est essentiel pour l'avancement du royaume de Dieu – les offrandes volontaires et les dîmes (un dixième de notre revenu) (Deut. 16 : 16-17, Prov. 3 : 9-10, 2Cor. 9 : 7).

11. **Fais de la vie de Christ ton modèle :** fixe tes regards sur Jésus, l'auteur et le consommateur de notre foi. Fais de lui ton modèle (Héb. 12 : 2, Phil. 2 : 5-11, Éph. 4 : 24).

12. **N'abandonne pas ; si tu tombes, lève-toi et continue :** la course chrétienne peut sembler difficile et pleine de défis, avec des persécutions, des distractions, des oppositions, et même des découragements. Mais sois rassuré, tu y arriveras par la foi (Prov. 24 : 16, Esa. 41 : 10, Phil. 1 : 6).

Je prie que tu tiennes ferme, et que tu termines bien comme les autres héros de la foi, au nom de Jésus ! Amen.

Appelle-nous pour tout besoin de conseils et de prière : (237) 652.38.26.93 ou 696.56.58.64.

(Pasteur Godson T. Nembo & Équipe Tempête de prière)

COMMENT UTILISER CE GUIDE DE PRIÈRE QUOTIDIEN

J'ai découvert que plusieurs personnes ne savent pas comment bien se servir de ce livre. Par conséquent, ils n'en tirent pas grand profit. J'aimerais vous expliquer comment utiliser ce livre pour votre moment de prière personnelle ou comment l'utiliser pour diriger une session de prière de groupe.

Ton temps de dévotion personnelle :
1. *Lis le sujet du jour :* Il présente ce sur quoi le Saint-Esprit voudrait que tu te focalises pendant cette journée.
2. *Lis le passage biblique du jour à voix haute :* Sais-tu que les Écritures se lisaient à haute voix par le passé ? Tu saisis plus lorsque tu lis à voix haute pour toi-même. Le message du jour est tiré du passage ; tu peux aller au-delà de l'étude que nous en faisons.
3. *Prends du temps et lis la méditation que j'ai écrite :* Cela t'aidera à mieux comprendre le message du jour.
4. *Prie les points de prière qui y sont mentionnés :* Lis chaque point de prière, ensuite prends du temps et prie bien avant de lire le point suivant. Certaines personnes lisent tous les points de prière et concluent en disant "au nom de Jésus" et elles répondent "Amen". Ce n'est pas ainsi qu'ils doivent être utilisés.
5. *Prie pour les autres :* Rassure-toi que tu utilises les points de prière pour prier pour les autres.
6. *Ajoute autres sujets de prière :* Par exemple, consacre ta journée, ta famille, ton emploi, ton église, etc. à Dieu.
7. Prie pour tes besoins spécifiques et pour ceux des autres.
8. **Action/Déclaration :** Prenez des mesures concrètes et faites les déclarations prophétiques.

9. ***Prières prophétiques de la semaine :*** Ces points seront présentés chaque Lundi. Nous t'encourageons à les utiliser chaque jour de la semaine qui suit.

Conduire un groupe à prier :
1. Lis le sujet du jour à voix haute.
2. Demandes à une ou plusieurs personnes de lire le passage biblique du jour à haute voix.
3. Lis la méditation du jour à haute voix. Après lecture, tu peux faire quelques commentaires, si nécessaire.
4. Permets aux autres membres du groupe d'apporter leurs contributions ou de poser des questions s'ils en ont.
5. Lis un point de prière à la fois et permets aux membres de prier pendant quelques temps avant de lire le prochain.
6. Après qu'ils aient prié tous ensemble, tu peux demander à une personne d'élever sa voix et de prier.
7. Lorsque tu auras fini de lire les points de prière, demande aux membres du groupe de donner leurs propres sujets de prières.
8. A la fin, permets à une personne de prier pour conclure la session.

Plan de lecture biblique :
Nous avons inclus deux plans de lecture biblique : **« La Bible en 1 an »** et **« La Bible en 2 ans »**. Tu peux lire toute ta Bible en un an si tu suis le premier plan ou en deux ans si tu suis le deuxième plan. Mets du temps de côté chaque jour pour lire ta Bible.

Jeudi 1ᵉʳ janvier **LE FONDEMENT DE L'EXPANSION**

Lis : Ésaïe 54:1-5

La Bible en 1 an : Prov. 1-3
La Bible en 2 ans : Gen. 1-2

« Élargis l'espace de ta tente ; Qu'on déploie les couvertures de ta demeure : Ne retiens pas ! Allonge tes cordages, Et affermis tes pieux ! » (Ésaïe 54:2).

Bonne et heureuse année ! Le mandat prophétique de 2026 est : « ÉLARGI PAR DIEU ». *« Élargis l'espace de ta tente »* est un passage des écritures qui nous appelle à nous préparer à la croissance de manière intentionnelle. C'est un appel à l'action, mais le véritable élargissement ne commence pas par une quête extérieure, mais plutôt par un alignement intérieur — une communion profonde avec Dieu dans la prière et le jeûne ; un enracinement dans sa parole vivante.

Dans le passage biblique qui fait l'objet de notre lecture aujourd'hui, le prophète Ésaïe s'adresse à ceux qui étaient autrefois « stériles » (v.1). Il annonce une saison de percée et de multiplication. Mais, il faut noter que la multiplication exige la préparation. Sans action, l'attente se transforme en frustration. En suivant le commandement de Dieu : en allongeant les cordages et en affermissant les pieux de ta « tente » spirituelle, tu crées de la place pour ses bénédictions avant qu'elles n'arrivent. La consécration, la prière et le jeûne sont des outils essentiels dont tu as besoin pour te positionner dans le plan de Dieu.

Tout arbre passe par trois étapes : la germination, la croissance et la maturation. Le plan ultime de Dieu pour toi est que tu atteignes l'étape de la maturation, lorsque les dons, les talents et les bénédictions qu'il a déposés en toi produisent des résultats visibles. Prier et jeûner pour cela montre que tu reconnais que tu ne peux pas y arriver sans Dieu.

L'expansion est la promesse, mais l'intimité est le prérequis. En cultivant cette intimité, tu permets au Saint-Esprit de t'incuber, comme il l'a fait avec Marie (Luc 1). Cette couverture divine activera la clarté, révélant des stratégies cachées pour une vie victorieuse et fructueuse en 2026.

Commencer l'année par la prière et le jeûne, c'est bâtir un fondement spirituel assez solide pour soutenir l'expansion que Dieu t'envoie, en veillant à ce que ta croissance soit durable, ordonnée par Dieu et fructueuse. Fixe-toi comme objectif principal en janvier de recevoir le plan de Dieu pour toi cette année.

Action du jour : *Mets en place un programme de prière et de jeûne pour prendre autorité sur l'année 2026, ou participe à celui organisé dans ton église.*

Prions
1. *Père, merci pour la parole prophétique d'élargissement dans ma vie en 2026, au nom de Jésus.*
2. *Saint-Esprit, attise en moi une faim intense pour la communion avec toi par la prière et la parole, au nom de Jésus.*
3. *Je reçois la grâce d'être discipliné dans cette saison de prière et de jeûne pour recevoir la direction divine, au nom de Jésus.*

4. *Seigneur, révèle-moi les domaines de ma vie (ma « tente ») que je dois étendre et préparer pour tes bénédictions à venir, au nom de Jésus.*
5. *Je t'abandonne ma volonté et mes plans ; accorde-moi la clarté et la direction pour marcher selon ton plan divin pour mon élargissement cette année, au nom de Jésus.*

PROGRAMME SPÉCIAL DE TEMPÊTE DE PRIÈRE

21 JOURS DE JEÛNE ET DE PRIÈRE pour prendre possession de l'année.
Thème : ÉLARGI PAR DIEU.
Date : Du Lundi 5 au Dimanche 25 Janvier 2026.
(Préparez-vous à nous rejoindre).

Vendredi 2 janvier — ÉLARGI DANS LE LIEU SECRET

Lis : Luc 5:12-16

La Bible en 1 an : Prov. 4-7
La Bible en 2 ans : Gen. 3-4

« Mais lui se retirait dans des lieux déserts pour prier. »
(Luc 5:16)

L'intimité avec Dieu dans le lieu secret est la clé de l'élargissement divin. Tu dois passer par une incubation spirituelle afin de recevoir la grâce pour manifester ta destinée. Naturellement, aucune femme ne peut tomber enceinte et donner naissance à des enfants sans intimité avec son mari.

Des foules se rassemblaient chaque jour autour de Jésus, avides de miracles, pourtant il se retirait continuellement pour prier. Il avait compris que la productivité de son ministère découlait de sa communion avec son Père, et non de son propre fait. Il dit : *« En vérité, en vérité, je vous le dis, le fils ne peut rien faire de lui-même. Il ne fait que ce qu'il voit faire le père ; et tout ce que le père fait, le fils aussi le fait pareillement »* (Jean 5:19). Où a-t-il vu les choses que son père faisait ? Quand il était en communion avec lui dans la prière. Aujourd'hui, tous les croyants veulent l'expansion : des ministères plus grands, de l'influence, des percées ; mais ils négligent la communion avec Dieu, la source de tout véritable élargissement.

L'intimité n'est pas le fait de s'isoler, mais le fait de se connecter. Lorsque Jésus se retirait pour un moment avec son Père, ce n'était pas un moyen pour lui de fuir ses responsabilités ; au contraire, c'était l'occasion pour lui de ressourcer son âme et de se recharger pour davantage d'impact. Plus il passait du temps de communion avec son Père, plus il manifestait la puissance. Ses miracles étaient conçus pendant ces conversations invisibles avec son Père.

Il y a de cela des années, mon ministère a connu une transformation lorsque j'ai commencé à me retirer chaque lundi et à passer toute la journée avec Dieu. Je rentrais toujours chez moi rechargé et équipé pour mieux servir Dieu. J'ai développé la capacité d'entendre Dieu plus clairement pendant ces moments de prière et de communion.

Le mot grec pour « se retirer » dans Luc 5:16 est *« Hupochoreo »,* qui signifie « revenir sous la direction divine ». Ce n'est pas reculer par peur, mais se repositionner pour obtenir de la force. Chaque fois que tu reviens dans la présence de Dieu, il te pousse vers l'avant avec une force renouvelée. Alléluia !

Ton élargissement cette année passera par ton lieu secret. Plus tu passes du temps avec Jésus, plus il crée en toi de l'espace pour sa gloire.

Action du jour : *Passe au moins 30 minutes seul avec Dieu chaque jour avant de parler à qui que ce soit d'autre !*

Prions
1. *Père, merci de m'inviter dans ta présence et d'élargir mon cœur par ton amour, au nom de Jésus.*
2. *Père, apprends-moi à valoriser le temps seul avec toi plus que l'approbation publique, au nom de Jésus.*
3. *Je brise toute distraction qui m'empêche d'avoir une communion profonde avec Dieu, au nom de Jésus.*

4. *Père, élargis ma capacité à écouter, à obéir et à refléter Christ chaque jour, au nom de Jésus.*
5. *Je décrète que cette année, mon influence, ma sagesse et ma fécondité s'élargiront par la communion avec Dieu, au nom de Jésus.*

Samedi 3 janvier ## ALLONGE LE CORDAGE DE TA VIE DE PRIÈRE

Lis : Jérémie 29:11-13

La Bible en 1 an : Prov. 8-11
La Bible en 2 ans : Gen. 5-6

« Vous me chercherez, et vous me trouverez, si vous me cherchez de tout votre cœur. » (Jérémie 29:13)

Il y a quelques jours, nous avons adopté le mandat prophétique « élargir l'espace de nos tentes », un acte qui nous oblige à déployer les couvertures et à renforcer les enjeux. Sur le plan spirituel, c'est notre vie de prière qui nous permet de nous connecter au Père et qui rend possible cette expansion remarquable. Le Seigneur nous appelle à « déployer les couvertures » de nos demeures, et l'étendue de notre élargissement divin cette année est directement proportionnelle à la durée et à l'intensité de cette connexion spirituelle.

Jérémie 29:11 promet un avenir rempli d'espérance et un plan pour notre croissance. Cependant, le verset 13 nous révèle que le chemin pour accéder à ce plan est le DÉVOUEMENT TOTAL. « *Vous me chercherez, et vous me trouverez, si vous me cherchez DE TOUT VOTRE CŒUR* ». Cette invitation divine met en lumière la nature réciproque de la communion : lorsque nous cherchons Dieu de tous notre cœur, il veille à ce que nous trouvions la direction dont nous avons besoin.

Amorcer l'année par la prière et le jeûne équivaut à chercher Dieu « de tout son cœur ». Le jeûne élève notre sincérité, témoignant à Dieu du fait que nous valorisons sa présence et sa direction plus que notre confort naturel et nos besoins. C'est dans ce lieu de profonde consécration que le Saint-Esprit nous communique clairement les étapes de notre élargissement. Nous ne devons pas élargir notre tente à l'aveuglette ; nous devons agir selon le plan stratégique de Dieu ; la direction divine.

Rechercher Dieu de « tout ton cœur » est la porte vers l'acquisition de l'intelligence et de la sagesse que l'effort humain ne peut fournir. Décide aujourd'hui d'allonger le cordage de ta vie de prière ; dévoue-toi à le chercher de tout ton cœur, et regarde ton obéissance déverrouiller la promesse d'un élargissement en 2026.

Action du jour : *Consacre un temps spécifique aujourd'hui pour prier plus longtemps et demander à Dieu un plan stratégique pour cette année !*

Prions

1. *Père, merci pour les grands projets et l'élargissement divin que tu as pour moi, au nom de Jésus.*
2. *Saint-Esprit, donne-moi la force et la discipline pour allonger le cordage de ma vie de prière, au nom de Jésus.*
3. *Je m'engage à te chercher de tout mon cœur ; accorde-moi la grâce de trouver la direction exacte pour mon élargissement, au nom de Jésus.*
4. *Je réduis au silence toute distraction qui me vole mon temps de communion avec toi, au nom de Jésus.*
5. *Seigneur, que mon jeûne ce mois aiguise mon ouïe spirituelle pour recevoir ton plan stratégique pour 2026, au nom de Jésus.*

6. *Je reçois l'onction pour élever avec ferveur et dévouement des prières qui garantiront et appuieront mon élargissement promis, au nom de Jésus.*

Dimanche 4 janvier **L'APPEL À DEMEURER EN LUI**

Lis : Jean 15:1-8

La Bible en 1 an : Prov. 12-14
La Bible en 2 ans : Gen. 7-8

« Demeurez en moi, et je demeurerai en vous. Comme le sarment ne peut de lui-même porter du fruit, s'il ne demeure attaché au cep, ainsi vous ne le pouvez non plus, si vous ne demeurez en moi. » (Jean 15:4)

La fécondité dans le Royaume découle de notre communion avec Dieu par Jésus-Christ. Dans le passage qui fait l'objet de notre étude aujourd'hui, Jésus compare notre relation avec lui à une vigne et ses branches. Ainsi, la fécondité n'est jamais le fruit d'un effort ; c'est le produit de la communion.

Malheureusement, de nos jours, beaucoup de croyants sont actifs alors que sur le plan spirituel, ils ne portent pas du fruit parce qu'ils essaient de porter du fruit sans toutefois demeurer en Christ. Jésus t'invite à plus de profondeur ; non pas pour fournir plus d'efforts, mais pour davantage de connexion.

« Vivre » vient du grec *« Meno »,* qui signifie « Rester, ou habiter continuellement ». Cela implique de la cohérence plutôt que des visites. Cher ami, Dieu élargit ceux qui restent enracinés dans sa présence, et non ceux qui font juste des escales de temps en temps. Demeurer en lui, c'est rester, c'est faire de Christ son foyer. En d'autres termes, c'est laisser sa parole façonner tes pensées, permettre à son Esprit de remplir ton cœur, et entreprendre chaque action sous la motivation de son amour.

Lorsque tu demeures en lui, ta capacité s'élargit : ta patience s'approfondit, ta joie se stabilise et ton influence spirituelle s'accroit. Paul a vécu cette vérité. Il a déclaré : *« Ce n'est plus moi qui vis, c'est Christ qui vit en moi » (Galates 2:20)*. Le pouvoir de son ministère découlait de la communion et non de son statut ; de son titre.

Bien-aimé dans le Seigneur, tu dois découvrir cette vérité spirituelle : ta productivité et ta croissance dépendent de ta constance avec Christ. Arrête d'être ce chrétien spirituel dans les prémices de l'église mais déconnecté du Saint-Esprit une fois en dehors. Tu dois rester dans la présence de Dieu partout où tu te trouves. Prends conscience du fait que tu es le temple mobile de Dieu (1 Corinthiens 3:16). Tu ne te rends pas à l'église pour rencontrer Dieu, tu y vas avec Dieu pour communier avec tes frères et sœurs.

Arrête de chercher Dieu ; il est avec toi. Commence à demeurer en lui plus profondément en te concentrant sur Jésus-Christ.

Action du jour : *Aujourd'hui, utilise ton temps libre pour lire, méditer, prier ou écouter des chants d'adoration !*

Prions
1. *Père, merci de m'avoir appelé à demeurer en toi et de faire de ta présence ma demeure, au nom de Jésus.*
2. *Seigneur, aide-moi à rester enraciné en Christ, même quand je me sens sec ou fatigué, au nom de Jésus.*
3. *Père, que ta parole prenne racine en moi et porte un fruit durable, au nom de Jésus.*

4. *Ô Seigneur, élargis ma force intérieure pour rester ferme et fécond par la communion, au nom de Jésus.*
5. *Je décrète que ma vie débordera de fruits divins parce que je demeure continuellement en Christ, au nom de Jésus.*

SUJETS DE PRIÈRE POUR LE JEÛNE DE 21 JOURS POUR PRENDRE POSSESSION DE 2026 — du 05 au 25 janvier 2026

Voici les sujets de prière que nous utiliserons pendant les 21 jours de jeûne. Adapte-les selon l'inspiration de l'Esprit.

A. Actions de grâces

1. *« Louez l'Éternel, car il est bon » (Psaume 107:1)*
   Seigneur, je te rends grâce pour ta puissante main d'élargissement à l'œuvre dans ma vie cette année, au nom de Jésus.

2. *« Ses compassions se renouvellent chaque matin » (Lamentations 3:23)*
   Père, merci pour tes compassions quotidiennes et ton amour sans fin, au nom de Jésus.

3. *« L'Éternel combattra pour vous » (Exode 14:14)*
   Père, merci d'avoir combattu pour moi et d'avoir empêché mes ennemis de m'écraser, au nom de Jésus.

4. *« Il donnera des ordres à ses anges pour te garder » (Psaume 91:11)*
   Père, merci pour ta protection divine sur ma famille, au nom de Jésus.

5. *« Celui qui ouvre, et nul ne fermera » (Apocalypse 3:7)*
   Père, merci pour les portes que tu ouvres pour moi cette année, au nom de Jésus.

6. *« Mon Dieu pourvoira à tous vos besoins » (Philippiens 4:19)*
   Père, merci parce que tu pourvoiras à tous mes besoins cette année, au nom de Jésus.

7. *« Je ne mourrai pas, je vivrai » (Psaume 118:17)*
   Père fidèle, merci parce que tu me préserveras, moi et les miens, cette année, au nom de Jésus.

B. Repentance

8. *« Ô Dieu, crée en moi un cœur pur » (Psaume 51:10)*
   Seigneur, purifie mon cœur de tout péché caché, au nom de Jésus.

9. *« Seigneur, je crois ! Viens au secours de mon incrédulité » (Marc 9:24).*
   Père, pardonne mon incrédulité et fortifie ma foi, au nom de Jésus.

10. *« Si nous confessons… il est fidèle pour nous pardonner » (1 Jean 1:9)*
    Père miséricordieux, lave-moi de toute iniquité qui pourrait empêcher mon élargissement cette année, au nom de Jésus.

11. *« Le péché n'aura plus de pouvoir sur vous » (Romains 6:14)*
    Père, délivre-moi de toute habitude pécheresse, au nom de Jésus.

12. *« Que les pensées de mon cœur soient agréables » (Psaume 19:14)*
    Seigneur, purifie mes pensées et mes intentions, au nom de Jésus.

13. *« L'esprit est bien disposé, mais la chair est faible » (Matthieu 26:41)*
    Père, ôte toute faiblesse spirituelle en moi, au nom de Jésus.

C. Consécration

14. *« Soyez saints, car je suis saint » (1 Pierre 1:16)*
    Seigneur, mets mon cœur à part pour ta gloire, au nom de Jésus.

15. *« Un vase d'honneur, sanctifié » (2 Timothée 2:21)*
    Père, fais de moi un vase d'honneur, au nom de Jésus.

16. *« Tu as aimé la justice et haï l'iniquité » (Hébreux 1:9)*
    Seigneur, aide-moi à aimer la justice et à haïr le péché, au nom de Jésus.
17. *« Que ta volonté soit faite » (Matthieu 6:10)*
    Père, aligne mes désirs sur ta volonté tout au long de cette année, au nom de Jésus.
18. *« Heureux ceux qui ont le cœur pur » (Matthieu 5:8)*
    Seigneur, fortifie-moi pour marcher dans la pureté et la vérité cette année, au nom de Jésus.
19. *« Sans la sainteté, nul ne verra le Seigneur » (Hébreux 12:14)*
    Père, que ma vie reflète ta sainteté, au nom de Jésus.
20. *« Renoncez à l'impiété et aux convoitises mondaines » (Tite 2:12)*
    Seigneur, rends-moi capable de dire non à l'impiété, au nom de Jésus.
21. *« L'œuvre de leurs mains, tu la bénis » (Psaume 90:17)*
    Père, consacre mes mains pour de bonnes œuvres, au nom de Jésus.
22. *« Que la parole de Christ habite en vous abondamment » (Colossiens 3:16)*
    Seigneur, remplis mes pensées de ta Parole, au nom de Jésus.

D. Percée

23. *« Tu te répandras à droite et à gauche » (Ésaïe 54:3)*
    Seigneur, brise toute limitation placée sur ma destinée, au nom de Jésus.
24. *« Frappez, et l'on vous ouvrira » (Matthieu 7:7)*
    Père, que toute porte fermée s'ouvre pour moi cette année, au nom de Jésus.
25. *« Ma parole n'est-elle pas comme un marteau ? » (Jérémie 23:29)*

Seigneur, que tout obstacle à mon élargissement et à celui de ma famille soit brisé, au nom de Jésus.

26. « *La main de l'Éternel fut sur Élie... et il courut* » *(1 Rois 18:46)*
Seigneur, relâche sur ma vie la grâce pour l'accélération, au nom de Jésus.

27. « *Le temps et les circonstances arrivent à tous* » *(Ecclésiaste 9:11)*
Père, que des opportunités inhabituelles me localisent cette année, au nom de Jésus.

28. « *L'Éternel appauvrit et il enrichit* » *(1 Samuel 2:7)*
Seigneur, élargis mon territoire financier cette année, au nom de Jésus.

29. « *Grâces soient rendues à Dieu, qui nous donne la victoire* » *(1 Corinthiens 15:57)*
Père, accorde-moi la victoire sur tout problème persistant, au nom de Jésus.

30. « *Voici, je vais faire une chose nouvelle* » *(Ésaïe 43:19)*
Père, ordonne l'ouverture d'un nouveau chapitre pour ma famille et moi dès cette année, au nom de Jésus.

E. Protection

31. « *Je serai pour elle une muraille de feu tout autour* » *(Zacharie 2:5)*
Seigneur, entoure ma famille et moi d'une muraille de feu, au nom de Jésus.

32. « *Il te couvrira de ses plumes* » *(Psaume 91:4)*
Père, cache-nous sous tes ailes cette année, au nom de Jésus.

33. « *Il renverse les desseins des méchants* » *(Psaume 146:9)*
Père, renverse tout plan malveillant visant à freiner mon progrès, au nom de Jésus.

34. « *Le Seigneur est fidèle… il vous préservera du malin* » *(2 Thessaloniciens 3:3)*
    Père, protège-nous contre toute attaque spirituelle dirigée contre nos destinées, au nom de Jésus.
35. « *Il donnera des ordres à ses anges pour toi* » *(Psaume 91:11)*
    Père, que tes anges gardent mes allées et venues aujourd'hui, au nom de Jésus.
36. « *Quand je verrai le sang, je passerai par-dessus vous* » *(Exode 12:13)*
    Père, entoure ma demeure chaque jour du sang de Jésus, au nom de Jésus.
37. « *Il te délivre du filet de l'oiseleur* » *(Psaume 91:3)*
    Père, délivre-moi de tout piège de l'ennemi, au nom de Jésus.
38. « *S'ils se réunissent, ce ne sera pas par moi* » *(Ésaïe 54:15)*
    Seigneur, disperse toute réunion malveillante qui a pour but de combattre mon élargissement, au nom de Jésus.
39. « *Tu ne craindras ni les terreurs de la nuit* » *(Psaume 91:5)*
    Père, préserve ma vie de toute destruction soudaine, au nom de Jésus.

F. Vision

40. « *Ouvre mes yeux pour que je voie* » *(Psaume 119:18)*
    Seigneur, ouvre mes yeux pour que je voie le grand avenir que tu as préparé pour moi, au nom de Jésus.
41. « *Invoque-moi… je te montrerai des choses cachées* » *(Jérémie 33:3)*
    Père, donne-moi une vision divine pour mon prochain niveau cette année, au nom de Jésus.
42. « *Écris la vision, grave-la sur des tables* » *(Habacuc 2:2)*
    Seigneur, élargis ma capacité à rêver grand, au nom de Jésus.

43. *« Faute de vision, le peuple périt »* (Proverbes 29:18)
    Père, restaure toute vision spirituelle floue, au nom de Jésus.
44. *« Le voile est ôté en Christ »* (2 Corinthiens 3:14)
    Père, retire tout voile qui couvre ma compréhension spirituelle, au nom de Jésus.
45. *« Tes yeux verront le roi dans sa beauté »* (Ésaïe 33:17)
    Père, aligne ma vision sur l'agenda du ciel cette année, au nom de Jésus.
46. *« Reconnais-le dans toutes tes voies »* (Proverbes 3:6)
    Père, montre-moi les domaines dans lesquels tu veux m'élargir cette année, au nom de Jésus.
47. *« Lève les yeux et regarde »* (Jean 4:35)
    Seigneur, révèle-moi les opportunités autour de moi que je n'ai pas encore vues, au nom de Jésus.
48. *« Fortifie-toi et prends courage »* (Josué 1:9)
    Père, accorde-moi l'audace de poursuivre les visions divines, au nom de Jésus.

G. Direction divine

49. *« Tous ceux qui sont conduits par l'Esprit… »* (Romains 8:14)
    Seigneur, conduis-moi par ton Esprit vers mon lieu d'élargissement, au nom de Jésus.
50. *« Les pas de l'homme bon sont affermis par l'Éternel »* (Psaume 37:23)
    Père, guide mes décisions et mes pas cette année, au nom de Jésus.
51. *« Les mauvaises compagnies corrompent les bonnes mœurs »* (1 Corinthiens 15:33)
    Seigneur, garde-moi des mauvaises voies et des mauvaises fréquentations, au nom de Jésus.

52. *« Mes brebis entendent ma voix » (Jean 10:27)*
Père, fais taire toute voix qui contredit ta direction dans ma vie, au nom de Jésus.

53. *« Une porte grande et efficace m'est ouverte » (1 Corinthiens 16:9)*
Seigneur, montre-moi la bonne porte à franchir pour mon élargissement cette année, au nom de Jésus.

54. *« Telle voie paraît droite… » (Proverbes 14:12)*
Père, détourne-moi de tout chemin qui mène à la perte, au nom de Jésus.

55. *« Ta parole est une lampe à mes pieds » (Psaume 119:105)*
Seigneur, que ta parole éclaire mon chemin, au nom de Jésus.

56. *« Reconnais-le dans toutes tes voies » (Proverbes 3:6)*
Père, aide-moi à choisir selon ta volonté et non selon mes émotions, au nom de Jésus.

57. *« Deux valent mieux qu'un » (Ecclésiaste 4:9)*
Seigneur, connecte-moi aux personnes clés qui propulseront mon élargissement, au nom de Jésus.

58. *« Vous sortirez avec joie, et vous serez conduits en paix » (Ésaïe 55:12)*
Père, conduis-moi par ta paix dans toutes mes décisions, au nom de Jésus.

H. Amour et intimité avec Dieu

59. *« Tu aimeras le Seigneur ton Dieu » (Matthieu 22:37)*
Seigneur, élargis mon amour pour toi au-dessus de tout, au nom de Jésus.

60. *« Approchez-vous de Dieu, et il s'approchera de vous » (Jacques 4:8)*
Père, attire-moi chaque jour plus profondément dans ta présence, au nom de Jésus.

61. *« La prière fervente du juste a une grande efficacité »* (Jacques 5:16)
    Seigneur, rallume le feu de la prière et de l'adoration dans mon cœur, au nom de Jésus.
62. *« Si vous m'aimez, gardez mes commandements »* (Jean 14:15)
    Père, accorde-moi la grâce de t'obéir avec joie en tout temps, au nom de Jésus.
63. *« Heureux ceux qui ont faim et soif… »* (Matthieu 5:6)
    Seigneur, approfondis ma soif de justice, au nom de Jésus.
64. *« Je demande une chose… habiter dans ta maison »* (Psaume 27:4)
    Père, fais de l'intimité avec toi ma priorité suprême, au nom de Jésus.
65. *« Il parle d'une voix douce et légère »* (1 Rois 19:12)
    Père, enseigne-moi à entendre et reconnaître ta voix clairement, au nom de Jésus.

I. Guérison et santé

66. *« Je te redonnerai la santé »* (Jérémie 30:17)
    Père, fais-moi jouir d'une guérison divine illimitée et d'une santé constante cette année, au nom de Jésus.
67. *« C'est par ses meurtrissures que vous êtes guéris »* (Ésaïe 53:5)
    Père, que toute maladie dans mon corps se dessèche maintenant, au nom de Jésus.
68. *« La joie de l'Éternel est votre force »* (Néhémie 8:10)
    Seigneur, fortifie-moi spirituellement, physiquement et mentalement, au nom de Jésus.
69. *« Aucun fléau n'approchera de ta demeure »* (Psaume 91:10)
    Père, protège-nous des maladies et infirmités, au nom de Jésus.

70. *« Il te rajeunit comme l'aigle » (Psaume 103:5)*
Seigneur, renouvelle ma vigueur comme celle de l'aigle, au nom de Jésus.

J. Ministère des anges

71. *« Ne sont-ils pas tous des esprits au service de Dieu ? » (Hébreux 1:14)*
Seigneur, envoie tes anges pour guider et protéger mon chemin, au nom de Jésus.

72. *« Un ange le toucha… » (1 Rois 19:5)*
Père, que l'intervention angélique accélère mes percées cette année, au nom de Jésus.

73. *« L'ange de l'Éternel campe autour de ceux qui le craignent » (Psaume 34:7)*
Seigneur, que tes anges guerriers livrent les batailles invisibles à ma place, au nom de Jésus.

K. Mariage pour les célibataires

74. *« Il ne refuse aucun bien à ceux qui marchent dans l'intégrité » (Psaume 84:11)*
Seigneur, établis-moi dans le mariage cette année, au nom de Jésus.

75. *« Il place les solitaires dans des familles » (Psaume 68:6)*
Père, connecte-moi divinement à l'époux/l'épouse que tu m'as destiné(e), au nom de Jésus.

76. *« La bénédiction de l'Éternel enrichit » (Proverbes 10:22)*
Père, ôte tout retard lié au mariage dans ma vie, au nom de Jésus.

L. Couples mariés

77. *« Deux valent mieux qu'un » (Ecclésiaste 4:9)*
    Père, accorde-nous la grâce de nous soutenir fidèlement l'un l'autre, au nom de Jésus.
78. *« L'amour ne périt jamais » (1 Corinthiens 13:8)*
    Seigneur, restaure l'amour, la joie et la paix dans chaque foyer, au nom de Jésus.
79. *« Une corde à trois fils ne se rompt pas facilement » (Ecclésiaste 4:12)*
    Jésus, sois le centre de notre mariage, au nom de Jésus.
80. *« Que toute amertume soit ôtée » (Éphésiens 4:31)*
    Père, guéris toute blessure et dissous tout conflit dans notre foyer, au nom de Jésus.
81. *« L'Éternel achèvera ce qui me concerne » (Psaume 138:8)*
    Seigneur, perfectionne notre mariage dans tous les domaines, au nom de Jésus.

M. Famille et foyer

82. *« Moi et ma maison, nous servirons l'Éternel » (Josué 24:15)*
    Père, établis ta seigneurie dans notre famille, au nom de Jésus.
83. *« Tes enfants jouiront d'une grande paix » (Ésaïe 54:13)*
    Seigneur, relâche ta paix divine dans chaque foyer, au nom de Jésus.
84. *« Moi et les enfants… nous sommes des signes » (Ésaïe 8:18)*
    Père, fais de chaque membre de la famille un signe et une merveille, au nom de Jésus.
85. *« L'Éternel entoure son peuple » (Psaume 125:2)*
    Seigneur, entoure nos familles de ta protection, au nom de Jésus.
86. *« Le juste prospérera comme le palmier » (Psaume 92:12)*
    Père, fais prospérer nos familles sur le plan spirituel et matériel, au nom de Jésus.

N. Missionnaires

87. *« Allez… et je suis avec vous » (Matthieu 28:19-20)*
   Seigneur, sois avec nos missionnaires et fortifie-les chaque jour, au nom de Jésus.
88. *« L'Éternel est ma lumière… » (Psaume 27:1)*
   Père, protège nos missionnaires du danger et des ténèbres, au nom de Jésus.
89. *« Mon Dieu pourvoira à tous vos besoins » (Philippiens 4:19)*
   Seigneur, pourvois à tous les besoins financiers et matériels de nos missionnaires, au nom de Jésus.
90. *« Ouvre-nous une porte… » (Colossiens 4:3)*
   Père, accorde des portes ouvertes pour le salut des âmes et des percées missionnaires cette année, au nom de Jésus.
91. *« Ceux qui sèment avec larmes… » (Psaume 126:5)*
   Seigneur, que leur labeur produise une grande moisson en 2026, au nom de Jésus.

O. Réveil spirituel dans la nation

92. *« Ne nous rendras-tu pas la vie ? » (Psaume 85:6)*
   Père, déverse ton feu de réveil sur notre nation, au nom de Jésus.
93. *« Lève-toi, sois éclairée… » (Ésaïe 60:1)*
   Seigneur, que ta lumière dissipe toute obscurité spirituelle sur cette nation, au nom de Jésus.
94. *« Je répandrai mon Esprit… » (Joël 2:28)*
   Père, relâche une nouvelle effusion de ton Esprit sur les églises, au nom de Jésus.
95. *« La justice élève une nation » (Proverbes 14:34)*
   Seigneur, restaure la justice et la sainteté dans le pays, au nom de Jésus.

96. *« Que Dieu se lève… » (Psaume 68:1)*
    Père, que toute force anti-réveil soit dispersée, au nom de Jésus.

P. Victoire sur le terrorisme

97. *« Mon refuge et ma forteresse » (Psaume 91:2)*
    Seigneur, protège notre nation contre toute attaque terroriste, au nom de Jésus.
98. *« Toute arme formée contre toi sera sans effet » (Ésaïe 54:17)*
    Père, rends vains tous les plans des terroristes, au nom de Jésus.
99. *« L'Éternel est un vaillant guerrier » (Exode 15:3)*
    Seigneur, lève-toi et combats les hommes violents, au nom de Jésus.
100. *« C'est lui qui a fait cesser les combats » (Psaume 46:9)*
    Père, fais taire toute opération de méchanceté, au nom de Jésus.
101. *« Les méchants périssent » (Psaume 37:20)*
    Père, lève-toi, que tout réseau terroriste s'effondre, au nom de Jésus.

Q. Paix dans les nations

102. *« Je vous donne ma paix » (Jean 14:27)*
    Seigneur, relâche une paix surnaturelle sur chaque nation troublée, au nom de Jésus.
103. *« Heureux ceux qui procurent la paix » (Matthieu 5:9)*
    Père, suscite des artisans de paix et des dirigeants sages dans le monde entier, au nom de Jésus.
104. *« Demandez la paix de Jérusalem » (Psaume 122:6)*
    Seigneur, établis une paix durable dans chaque région en conflit, au nom de Jésus.

105. *« Le Dieu de paix écrasera bientôt Satan sous vos pieds » (Romains 16:20)*

Père, écrase toute racine de trouble et de violence, au nom de Jésus.

106. *« Il rend la paix à ton territoire » (Psaume 147:14)*

Seigneur, sécurise les frontières des nations par ta paix, au nom de Jésus.

Lundi 5 janvier   **ÉLARGI PAR L'OBÉISSANCE**

Lis : Genèse 12:1-4

La Bible en 1 an : Prov. 15-18
La Bible en 2 ans : Gen. 9-10

« Celui qui a mes commandements et qui les garde, c'est celui qui m'aime ; et celui qui m'aime sera aimé de mon Père, je l'aimerai, et je me ferai connaitre à lui. » (Jean 14:21)

Beaucoup désirent une expérience plus profonde de Dieu et de ses bénédictions, mais la communion avec lui ne se construit pas uniquement dans la prière et l'adoration ; cela se prouve par l'obéissance. Jésus a dit que l'amour pour lui se manifeste lorsque nous faisons ce qu'il nous commande (Jean 14:15). Comment peux-tu prétendre l'aimer alors que tu refuses de lui obéir ?

L'obéissance ouvre la porte à la révélation. Chaque fois que tu obéis, tu ouvres la porte à la manifestation de Dieu dans ta vie. Et partout où Dieu habite, il y a la liberté, la paix et la croissance (2 Corinthiens 3:17).

Abraham est un exemple puissant d'élargissement divin au travers de l'obéissance. Lorsque Dieu l'appela à quitter son pays, sa famille et sa sécurité pour aller sur une terre inconnue, il obéit sans hésiter. Son acte d'obéissance par la foi a ouvert la porte aux bénédictions générationnelles ; Dieu l'a béni, a rendu son nom grand et a fait de sa famille une grande nation. Son obéissance par la foi a non seulement élargi sa vie, mais elle est aussi devenue le fondement du plan de rédemption de Dieu par Jésus-Christ

(Galates 3:8-9). L'histoire d'Abraham nous rappelle que l'élargissement est toujours rattaché à l'obéissance. Lorsque nous faisons confiance à Dieu et suivons ses instructions même lorsqu'elles semblent floues, il nous positionne pour une croissance au-delà de notre imagination. Veux-tu connaitre l'expansion cette année ? Obéis promptement et pleinement aux instructions de Dieu !

Quand Jésus a obéi au Père, jusqu'à la mort, ce ne fut pas pour lui une perte ; ce fut un élargissement. La croix semblait être une perte, mais elle a conduit à la puissance de résurrection et à la rédemption de l'humanité. De même, ton obéissance peut te coûter confort, fierté ou commodité, mais elle élargit ton autorité spirituelle. Paul l'a compris lorsque, parlant de Jésus, il dit qu'il : *« a appris, bien qu'il fût Fils, l'obéissance par les choses qu'il a souffertes » (Hébreux 5:8)*. Ce même processus approfondira ta communion avec Dieu ; il transformera la connaissance mentale en expérience réelle.

Un jour, quelqu'un a envoyé une grosse somme d'argent sur le compte d'une jeune entrepreneure chrétienne par erreur. Bien qu'elle fût tentée de le garder, elle obéit à Dieu et rendit l'argent. Quelques semaines plus tard, elle a reçu un contrat commercial inattendu valant dix fois plus.

Cette année, l'obéissance élargira ta capacité à davantage faire l'expérience de Dieu. Ton élargissement commence au moment où tu réponds « Oui » au commandement de Dieu.

Action du jour : *Choisis un domaine où Dieu t'appelle à obéir. Agis en conséquence dès aujourd'hui sans tarder.*

Prions
1. *Père, merci parce que tu manifestes ton amour et tu te révèles à ceux qui obéissent, au nom de Jésus.*
2. *Père, donne-moi un cœur prêt à t'obéir promptement et pleinement, au nom de Jésus.*
3. *Ô Père, délivre-moi de la peur et de l'orgueil qui résistent à tes instructions, au nom de Jésus.*
4. *Père, que chaque acte d'obéissance débloque une communion et une faveur plus profondes dans ma vie et dans ma famille, au nom de Jésus.*
5. *Père, élargis mon esprit pour que je valorise ta parole plus que mon confort personnel, au nom de Jésus.*
6. *Je décrète que mon obéissance produira un élargissement divin et des manifestations visibles de la présence de Dieu dans ma vie cette année, au nom de Jésus.*

Prières prophétiques de la semaine
1. *« Élargis l'espace de ta tente. » (Ésaïe 54 :2). Ma capacité est élargie de tous côtés, au nom de Jésus.*
2. *« L'Eternel vous multipliera ses faveurs » (Psaumes 115 :14). Je profiterai de l'accroissement divin partout où j'irai cette année, au nom de Jésus.*
3. *« Celle qui t'est réservée sera bien plus grande » (Job 8 : 7) Les petites choses dans ma vie deviendront plus grandes cette année, au nom de Jésus.*

Mardi 6 janvier   **LAISSE LE SAINT-ESPRIT T'INCUBER**

Lis : Luc 1:26-38

La Bible en 1 an : Prov. 19-21
La Bible en 2 ans : Gen. 11-12

« L'ange lui répondit : L'Esprit Saint descendra sur toi, et la puissance du Dieu très-haut te couvrira de son ombre. C'est pourquoi le saint enfant qui naîtra de toi sera appelé Fils de Dieu. » (Luc 1:35 BDS)

Il n'y a pas de manifestation divine sans transmission divine. Avant que quelque chose d'extraordinaire ne naisse de toi, quelque chose de sacré doit se former en toi. La Bible dit *: L'Esprit Saint descendra sur toi, et la puissance du Dieu très-haut te couvrira de son ombre. »*

Le mot grec pour « te couvrira de son ombre » est *« Episkiazo »*, qui signifie « envelopper dans une brume de brillance » ou « couvrir d'influence ». Ce terme dépeint une poule couvrant ses œufs jusqu'à ce que la vie prenne forme. C'est ce que le Saint-Esprit a fait à Marie pour qu'elle tombe enceinte et enfante Jésus. Il la recouvrait, la remplissait et lui insufflait la vie divine. Quand l'Esprit te couvre, tes limites et impossibilités naturelles sont couvertes par des possibilités surnaturelles.

La rencontre divine de Marie nous enseigne que l'incubation divine produit des résultats divins et indiscutables. Les prophéties sont activées. Ésaïe 9:6 était une prophétie concernant une vierge, qui s'est accomplie dans sa vie parce qu'elle s'est soumise au Saint-Esprit : *« Car un enfant nous est né, un fils nous est donné, Et la domination reposera sur son épaule »*. Par son obéissance, le monde reçut le sauveur. Il y a des prophéties qui attendent de s'accomplir dans cette génération. Que ton alignement avec le Saint-Esprit, comme Marie, fasse de toi un canal de manifestation, au nom de Jésus.

C'est pendant le jeûne annuel de trente jours en 2010 que le Saint-Esprit m'a couvert et j'ai entendu sa voix : « Mon peuple veut prier, mais il ne sait pas comment le faire. Écris un guide de prière pour les aider ». C'est ainsi qu'est né le Guide de prière quotidienne Tempête de prière. Aujourd'hui, il a transformé la vie de multitudes de personnes dans le monde. Quand le Saint-Esprit te couvre, tu commences à donner naissance aux idées de Dieu, pas aux tiennes.

Marie servait Dieu en silence lorsque la grâce l'a localisée. Elle a cru et s'est soumise : *« Qu'il me soit fait selon ta parole » (v. 38)*. Si tu restes humble, pur et soumis, l'Esprit te couvrira aussi, et ce que tu concevras bénira des générations.

Action du jour : *Consacre-toi aujourd'hui à prier en langues le plus longtemps possible !*

Prions
1. *Père, merci pour le don et la présence de ton Saint-Esprit dans ma vie, au nom de Jésus.*
2. *Saint-Esprit, couvre-moi de ton ombre aujourd'hui et remplis-moi de puissance divine, au nom de Jésus.*
3. *Seigneur, enlève toute barrière qui résiste à ton incubation dans ma vie, au nom de Jésus.*
4. *Saint-Esprit, fais naître de moi des idées, des ministères et des miracles qui glorifient le Christ, au nom de Jésus.*

5. *Je décrète que les bonnes choses enfouies en moi se manifesteront cette année et béniront des multitudes, au nom de Jésus.*

Mercredi 7 janvier **CONCENTRE-TOI SUR LA DIRECTION DIVINE**

Lis : Psaume 32:6-11

La Bible en 1 an : Prov. 22-24
La Bible en 2 ans : Gen. 13-14

« Je t'instruirai et te montrerai la voie que tu dois suivre ; je te conseillerai, j'aurai le regard sur toi. » (Psaume 32:8)

La promesse d'élargissement dans Ésaïe 54:2 exige de nous de non seulement préparer de l'espace, mais aussi de savoir dans quelle direction allonger les cordages de nos tentes. Dieu est un Père stratégique, et son désir n'est pas que tu trébuches, mais que tu marches en toute sécurité vers ton avenir élargi. C'est pourquoi le but principal de la communion avec Dieu ce mois-ci est d'assurer la direction divine, c'est-à-dire la capacité à recevoir et à suivre les instructions stratégiques de Dieu.

Le roi David, dans le Psaume 32, témoigne de la direction du Seigneur : *« Je t'instruirai et te montrerai la voie que tu dois suivre. »* C'est une promesse personnelle. Dieu ne donne pas seulement des principes généraux ; il promet de te guider de son regard, preuve d'une connexion intime et continue. Cela exige de la sensibilité de ta part, ce qui est précisément ce que la prière et le jeûne cultiveront dans ton esprit cette saison. Lorsque tu jeûnes, choisis de manière intentionnelle la voix de l'Esprit plutôt que le vacarme de la chair et du monde. Il te montrera de grandes et puissantes choses que tu ignores (Jérémie 33:3).

Être élargi sans direction, c'est comme acquérir un bateau sans gouvernail ; tu as beau avoir du potentiel, mais tu finis par dériver et t'écraser. Beaucoup de gens se précipitent dans la nouvelle année, avec beaucoup d'enthousiasme ou sous la pression humaine, pour finalement se tromper. Le psalmiste nous met en garde contre le fait d'être comme *« un cheval ou un mulet sans intelligence ; on les bride avec un frein et un mors dont on les pare » (v. 9)*.

Ma prière pour toi est que ta prière et ton jeûne servent de « mors et bride », alignant ta volonté sur l'instruction spécifique de Dieu. Aujourd'hui, réalise que ton plus grand atout dans la quête d'élargissement n'est pas ton effort, mais ta capacité à entendre et à obéir à la voix de ton guide stratégique ; le Saint-Esprit. Recherche sa direction, et ton élargissement sera garanti.

Action du jour : *Pendant ta prière aujourd'hui, observe au moins 5 minutes de silence pour écouter le Saint-Esprit.*

Prions
1. *Père, merci pour la promesse d'instruction et de direction ; je choisis de suivre ton chemin de tout cœur cette année, au nom de Jésus.*
2. *Saint-Esprit, sensibilise mon cœur et aiguise mon ouïe spirituelle pour recevoir clairement ta direction divine, au nom de Jésus.*
3. *Je rejette l'esprit de confusion et la tendance à anticiper ton plan stratégique pour mon élargissement, au nom de Jésus.*
4. *Seigneur, révèle-moi tout domaine dans lequel je me suis entêté ou où j'ai agi sans ton conseil, et accorde-moi la grâce de me repentir, au nom de Jésus.*

5. *Alors que je cherche la communion par la prière et le jeûne, montre-moi la « voie à suivre » spécifique pour manifester ton élargissement dans ma vie, au nom de Jésus.*

Jeudi 8 janvier   **LES PÉCHÉS DE SODOME**

Lis : Ézéchiel 16:46-50

La Bible en 1 an : Prov. 25-28
La Bible en 2 ans : Gen. 15-16

« Voici quel était le crime de Sodome, ta sœur : elle et ses filles étaient devenues orgueilleuses parce qu'elles vivaient dans l'abondance et dans une tranquille insouciance. Elles n'ont offert aucun soutien aux pauvres et aux nécessiteux. » (Ézéchiel 16:49)

Le péché entraîne toujours la destruction. Sodome n'a pas été détruite seulement à cause de l'immoralité, mais aussi à cause de son orgueil et de son indifférence. Ézéchiel 16:49 le relève sans ambiguïté : ils étaient fiers, prospères et négligents vis-à-vis des nécessiteux. Ils jouissaient d'une grâce et d'une abondance extraordinaires, mais oubliaient Dieu qui les avait bénis. Leur arrogance les aveuglait de sorte qu'ils ne voyaient pas leur péché jusqu'à ce que le jugement tombe.

« *Orgueil* » en hébreu se traduit par *« Ga'own »*, qui signifie « arrogance, enflement ou auto-exaltation ». L'orgueil est un cœur gonflé qui oublie Dieu et méprise les autres.

L'histoire montre que l'orgueil précède la ruine (Proverbes 16:18). Les nations, les familles et les individus qui croissent en richesse et en savoir finissent généralement par mépriser Dieu et s'exalter. Par exemple, dans les foyers polygames, les enfants de l'épouse favorisée grandissent souvent avec le sentiment d'être des privilégiés et, par conséquent, s'éprennent de mépris pour leurs frères ; ils finissent malheureusement par constater plus tard que l'arrogance ouvre la porte à la ruine. La fierté crée un faux sentiment de sécurité qui finit par s'effondrer soudainement.

Jésus nous met en garde par ces propos : *« Et que sert-il à un homme de gagner tout le monde, s'il perd son âme ? » (Marc 8:36)*. Paul, lui aussi, a posé les questions suivantes : *« Qu'as-tu que tu n'aies reçu ? Et si tu l'as reçu, pourquoi te glorifies-tu, comme si tu ne l'avais pas reçu ? » (1 Corinthiens 4:7)*. Tout ce que nous sommes et tout ce que nous possédons sont un don de grâce de la part de Dieu, et non une raison de se vanter.

Comment alors cultiver l'humilité ? Bien-aimé, souviens-toi d'où Dieu t'a tiré. Médite sur sa miséricorde et sur la façon dont il te porte depuis. Rappelle-toi que les bénédictions ne sont pas données pour nous rendre orgueilleux mais pour qu'on puisse bénir les autres (Genèse 12:2). Enfin, souviens-toi que l'orgueil détruit, mais que l'humilité attire la grâce : *« Dieu résiste aux orgueilleux, Mais il fait grâce aux humbles » (Jacques 4:6)*.

L'orgueil mène à la destruction, mais l'humilité garantit la faveur. Apprends de Sodome ; déracine l'orgueil avant qu'il ne détruise ta destinée.

Action du jour : *Demande à Dieu de te guider sur comment investir une partie de tes bénédictions pour son œuvre cette année. Écris-le !*

Prions
1. *Père, merci pour ta miséricorde et pour tes bénédictions dans ma vie, au nom de Jésus.*
2. *Seigneur, délivre-moi des péchés de Sodome (orgueil, arrogance et fausse sécurité), au nom de Jésus.*

3. *Père, apprends-moi à toujours me souvenir d'où tu m'as tiré, au nom de Jésus.*
4. *Père, aide-moi à utiliser chaque bénédiction pour être une bénédiction pour les autres cette année, au nom de Jésus.*
5. *Père, garde-moi humble et brisé devant toi, afin que je puisse toujours jouir de ta grâce, au nom de Jésus.*

Vendredi 9 janvier **ÉVEILLE TES SENS SPIRITUELS**

Lis : Jean 5:19-23

> **La Bible en 1 an :** Prov. 29-31
> **La Bible en 2 ans :** Gen. 17-18

« Les adultes, quant à eux, prennent de la nourriture solide : par la pratique, ils ont exercé leur faculté à distinguer ce qui est bien de ce qui est mal » (Hébreux 5:14 BDS)

Chaque croyant possède des sens spirituels, tout comme le corps a des sens physiques. Sais-tu que tu peux voir, entendre, percevoir, sentir et goûter par l'esprit ? Mais pour de nombreux chrétiens, ces sens restent endormis car ils ne se sont pas entraînés à les utiliser. Pour marcher efficacement avec Dieu, tu dois éveiller et aiguiser ta sensibilité spirituelle par la Parole, la prière, l'écoute et l'obéissance au Saint-Esprit.

Le mot grec pour « Entraîner » dans Hébreux 5:14 est *« Gumnazo »*, qui signifie « exercer ou discipliner ». C'est de là que vient le mot anglais *gymnasium*. Tout comme les athlètes entraînent leur corps pour développer force et habileté, tu dois entraîner ton esprit à discerner la voix de Dieu et à percevoir sa présence. La sensibilité spirituelle ne vient pas par hasard ; elle se développe grâce à une discipline et une pratique intentionnelles.

Il est intéressant de noter que Jésus était extrêmement sensible à la volonté de son Père. Il a dit : *« Le Fils ne peut rien faire de lui-même, Il ne fait que ce qu'il voit faire au Père » (Jean 5:19)*. En présence de son père, il savait quand parler, où aller, et discernait le cœur des gens. Sa vie était guidée par la perception spirituelle et non par le raisonnement humain.

Beaucoup de croyants manquent de direction divine parce que leurs sens spirituels ne sont pas aiguisés. Lorsque tu manques de prier, de lire la parole ou de communier avec le Saint-Esprit, tu perds ta capacité à percevoir les signaux divins. Mais lorsque tu passes du temps avec lui, tes yeux intérieurs s'ouvrent pour voir les plans de Dieu, tes oreilles entendent ses murmures, et ton cœur discerne sa volonté.

Le serviteur d'Élisée dans 2 Rois 6:17 ne voyait que le danger jusqu'à ce que Dieu ouvre ses yeux pour qu'il voie la protection divine. Quand tes sens spirituels sont éveillés, tu vois la victoire même au milieu de l'adversité.

Action du jour : *Passe du temps de qualité en prière et dans la parole aujourd'hui — demande au Saint-Esprit d'éveiller tes sens spirituels !*

Prions
1. *Seigneur, merci de m'avoir donné des sens spirituels pour te connaître et te suivre, au nom de Jésus.*
2. *Saint-Esprit, aiguise ma perception spirituelle et aide-moi à discerner clairement ta voix, au nom de Jésus.*
3. *Seigneur, enlève toute fatigue spirituelle, toute distraction ou tout aveuglement de ma vie, au nom de Jésus.*
4. *Père, apprends-moi chaque jour, par ta parole, à distinguer le bien du mal, au nom de Jésus.*
5. *Je décrète que, parce que mes sens spirituels sont éveillés, je ne m'égarerai pas ni ne tomberai dans le piège du diable, au nom de Jésus.*

Samedi 10 janvier **PIÉGÉ PAR LE JEÛNE ?**

Lis : 1 Samuel 14:24-30

> **La Bible en 1 an :** 1 Cor. 1-3
> **La Bible en 2 ans :** Gen. 19

« Le jeûne qui me plait est celui qui consiste à détacher les liens de la méchanceté, à délier les courroies de toute servitude, à mettre en liberté tout ce que l'on opprime et à briser toute espèce de joug » (Ésaïe 58:6 BDS)

Le jeûne est une discipline spirituelle puissante lorsqu'il est pratiqué correctement, mais il peut aussi devenir un piège religieux lorsqu'il est pratiqué sans discernement. Le vrai jeûne ne consiste pas à faire des grèves de la faim pour impressionner Dieu, mais à aligner nos désirs sur sa volonté.

Saül est un exemple de personne qui a mal appliqué le jeûne. Un jour où Dieu avait appelé Israël au combat, Saül imposa un jeûne à son armée (1 Samuel 14:24-30). Au lieu de leur apporter la force nécessaire pour remporter la victoire, son ordre, motivé par la religion et non par Dieu, a plutôt affaibli les soldats. Le résultat fut : la confusion, une baisse d'énergie et de force, voire le péché ; lorsque l'armée affamée s'est mise à manger de la viande avec du sang. L'action de Saül montre que jeûner sans la direction de Dieu peut être un obstacle plutôt qu'une aide. Les Juifs de l'époque d'Ésaïe étaient piégés dans la pratique du jeûne sans justice. Alors qu'ils se vantaient de jeûner, ils maltraitaient leurs serviteurs, exploitaient les faibles et étaient idolâtres. Le jeûne devrait nous transformer, faire de nous des disciples consacrés du Christ.

De nos jours, comment les gens se retrouvent-ils piégés dans le jeûne ? Certains imposent leur instruction personnelle aux autres, érigeant le jeûne en loi. D'autres utilisent le jeûne comme une preuve de spiritualité ou comme une qualification permettant de gagner la faveur de Dieu. Certains jeûnent pour chaque problème, sans rechercher la sagesse, négligeant la prière et la nécessité de passer l'action. Jésus mettait en garde contre le jeûne hypocrite pratiqué pour être vu par les hommes (Matthieu 6:16-18).

Le jeûne acceptable est dirigé par l'Esprit, et non par l'homme. Il doit être guidé par la sagesse et l'humilité. Nous ne forçons pas la main de Dieu par le jeûne ; au contraire, nous soumettons notre volonté à la sienne. Lorsque l'Église primitive jeûnait, c'était en accord avec la direction de l'Esprit, et cela a clarifié la mission de Saul et Barnabé (Actes 13:2-3).

Il y a des années, un jeune homme de mon village a jeûné et est mort sous un pont à Douala parce qu'il n'avait pas appris à jeûner correctement. Le jeûne ne doit jamais devenir un piège religieux. Il doit t'aligner avec le cœur de Dieu, te donner la force de prier efficacement et te préparer à ses desseins.

Action du jour : *Demande à Dieu de te montrer ce que tu dois ajuster dans ta vie pendant que tu jeûnes et pries pour 2026 !*

Prions
1. *Père, merci pour le don du jeûne comme moyen de se rapprocher de toi, au nom de Jésus.*
2. *Seigneur, délivre-moi du jeûne religieux dépourvu de ton Esprit, au nom de Jésus.*
3. *Père, apprends-moi à jeûner avec sagesse et équilibre, au nom de Jésus.*
4. *Père, que mon jeûne produise clarté, puissance et liberté en Christ, au nom de Jésus.*
5. *Père, restaure ma vie de prière et approfondis ma communion avec toi tout au long de cette année, au nom de Jésus.*

Dimanche 11 janvier **LA PUISSANCE DE LA VISION**

Lis : Habacuc 2:1-4

La Bible en 1 an : 1 Cor. 4-6
La Bible en 2 ans : Gen. 20-21

« L'Éternel m'adressa la parole, et il dit : Écris la prophétie : Grave-la sur des tables, Afin qu'on la lise couramment » (Habacuc 2:2).

Le prophète Habacuc nous enseigne une leçon cruciale pour assurer la direction divine nécessaire à l'élargissement : d'abord, nous devons la percevoir, et ensuite, nous devons la mettre par écrit. L'instruction « *Écris la prophétie et Grave-la* » est le mandat du Seigneur pour transformer une parole prophétique en un plan pratique et réalisable. Nous ne pouvons pas allonger avec assurance les cordages de notre tente (Ésaïe 54:2) alors que nous courrons vers un avenir qui reste flou et incertain.

En ce mois de janvier, alors que nous nous engageons dans une profonde communion dans la prière et le jeûne, nous nous tenons en alerte, comme Habacuc, attendant la révélation spécifique de Dieu. La vision que tu reçois ; l'image claire de ton avenir élargi ; est le carburant dont tu as besoin pour l'année. Quand tu l'écris, tu affirmes ta foi et établis un ancrage concret pour tes enjeux spirituels. La clarté du mot écrit te donne de la force non seulement à toi, mais aussi à ceux qui le lisent, créant une dynamique commune.

Proverbes 29:18 indique qu'un manque de vision conduit à la stagnation. Beaucoup de personnes entament la nouvelle année sans une vision claire de leur orientation spirituelle, professionnelle ou financière. On ne peut pas avoir la promesse d'un élargissement sans une vision claire.

À l'inverse, une vision claire, donnée par Dieu, guide tes prières, justifie ton jeûne et garantit que ton travail acharné a un sens. La vision fournit le cadre nécessaire pour que ta percée se manifeste, même si le moment semble retardé (v. 3).

Que ta discipline spirituelle de ce mois t'apporte des instructions claires et inspirées par Dieu. Lorsque tu disposes du plan écrit, tu as la confiance nécessaire pour courir et surmonter tous les obstacles qui se dressent entre toi et ton élargissement cette année.

En octobre 2010, j'ai entendu Dieu me dire : « Écris un guide de prière pour aider mon peuple à prier ». Je me suis immédiatement mis au travail, et en janvier 2011, nous avons publié le premier guide de prière quotidienne Tempête de prière. Quinze ans plus tard, l'œuvre n'est pas morte car la vision et l'instruction étaient claires. Une vision claire garantit l'élargissement !

Action du jour : *Écris dans ton journal les désirs, les objectifs et les instructions concernant 2026 que tu as reçus de Dieu depuis le début de ce mois.*

Prions
1. *Père, je te remercie pour l'esprit de révélation qui me donne une vision claire de ma destinée, au nom de Jésus.*
2. *Saint-Esprit, oins mon esprit et mes mains afin que je puisse saisir avec précision la vision claire et spécifique de mon élargissement cette année, au nom de Jésus.*

3. *Je déclare que je possède la clarté de la vision, et que je suivrai la direction divine que je reçois, au nom de Jésus.*
4. *Seigneur, pendant que je te cherche dans la communion, que ma vision écrite s'aligne parfaitement avec le vaste dessein d'Ésaïe 54, au nom de Jésus.*
5. *Je rejette l'esprit de stagnation ; ma vie avance et manifeste le plan de l'élargissement que je possède, au nom de Jésus.*

Lundi 12 janvier — **DEMEURE AVEC LE SAINT-ESPRIT**

Lis : Jean 16:12-15

La Bible en 1 an : 1 Cor. 7-9
La Bible en 2 ans : Gen. 22-23

« Quand l'Esprit de vérité sera venu, Il vous conduira dans la vérité tout entière... Il manifestera ma gloire, car il puisera dans ce qui est à moi et vous l'annoncera » (Jean 16:13-14 BDS)

Souhaites-tu vivre un élargissement divin cette année ? Tu dois apprendre à marcher étroitement avec le Saint-Esprit. Jésus a promis à ses disciples que, lorsqu'il retournerait auprès du père, l'Esprit continuerait son œuvre en eux. L'Esprit n'est ni une idée ni une force ; il est la présence personnelle de Jésus en toi. Il enseigne, guide, corrige, réconforte et donne la puissance. L'intimité avec lui est le moteur de l'élargissement.

Paul vivait cette réalité. Il a dit : *« Que la grâce du Seigneur Jésus Christ, l'amour de Dieu et la communication du Saint-Esprit, soit avec vous tous » (2 Corinthiens 13:14)*. Son ministère, son courage et sa révélation n'étaient pas le fruit d'une aptitude naturelle, mais de la communion quotidienne avec l'Esprit. L'élargissement commence lorsque tu cesses de dépendre de ta propre sagesse et que tu commences à te soumettre aux doux murmures et réprimandes du Saint-Esprit.

Quand j'envisageais de me marier, j'ai pensé qu'une jeune sœur de notre groupe de jeunes était le meilleur choix. Après avoir partagé cela avec mes parents, qui sont croyants, nous avons convenu qu'elle était la bonne personne pour moi. Mais avant d'aller parler à la sœur, le Saint-Esprit m'a averti tôt le matin pendant ma dévotion : « Fais attention. Ne la choisis pas ! ». J'ai abandonné cette idée et je l'ai partagée avec mes parents. Nous avons prié, et Dieu m'a conduit vers Anna. Avant que je ne la rencontre, elle m'avait vue dans une vision pendant son temps de prière, et le Saint-Esprit lui a dit : « Voici ton mari. »

Le mot grec *« Koinonia »* signifie « communion » — partenariat profond, participation ou partage de la vie. Ce n'est pas une conversation anodine mais un échange continu. Le Saint-Esprit te révèle Christ, et tu réponds par obéissance.

Le véritable élargissement se produit lorsque ton esprit reste en *koinonia* avec le Saint-Esprit. Plus tu marches avec le Saint-Esprit, plus ta compréhension, ta paix et ton influence deviennent grandes.

Action du jour : *Observe au moins 10 minutes de silence aujourd'hui pour écouter ; demande à l'Esprit Saint de parler, et écris ce que tu ressens !*

Prions
1. *Père, merci d'envoyer le Saint-Esprit habiter en moi et marcher avec moi chaque jour, au nom de Jésus.*
2. *Saint-Esprit, attire-moi dans une communion plus profonde et accrois ma sensibilité à ta voix, au nom de Jésus.*
3. *Je brise toute dureté de cœur qui m'empêche de reconnaître ta direction, au nom de Jésus.*
4. *Saint-Esprit, apprends-moi à compter sur toi dans tes décisions, tes relations et ton ministère, au nom de Jésus.*
5. *Père, élargis ma capacité intérieure à accueillir ta présence et à manifester ta puissance, au nom de Jésus.*

6. *Je décrète que je ne manquerai ni de force, ni de sagesse ni de puissance pour accomplir ma destinée, au nom de Jésus.*

Prières prophétiques de la semaine
1. **« *Jaebets invoqua… et Dieu accorda ce qu'il avait demandé.* »** *(1 Chroniques 4:10) Mon territoire s'étendra grandement cette année, au nom de Jésus.*
2. **« *Tu t'étendras.* »** *(Genèse 28:14) Rien n'empêchera mon élargissement cette année, au nom de Jésus.*
3. **« *Tu ne seras pas atteint.* »** *(Psaume 91:7) Je suis en sécurité et à l'abri des maladies, des catastrophes et de la mort, au nom de Jésus.*

Mardi 13 janvier **DÉVOILER LES TRÉSORS CACHÉS**

Lis : Ésaïe 45:1-5

La Bible en 1 an : 1 Cor. 10-12
La Bible en 2 ans : Gen. 24

« Je te donnerai des trésors cachés, des richesses enfouies, afin que tu saches que je suis l'Éternel qui t'appelle par ton nom, le Dieu d'Israël. » (Ésaïe 45:3)

La promesse de l'élargissement soulève souvent des questions de provision concrètes : *Comment vais-je financer la vision ? D'où viendront les ressources nécessaires pour allonger les cordages de la tente ?* La réponse se trouve dans notre thème de janvier : Élargi par l'intimité avec Dieu. Dieu promet de nous donner des *« trésors cachés et des richesses enfouies »*. Il ne s'agit pas de ressources ordinaires ; mais de provisions surnaturelles, d'idées divines et de faveurs uniques invisibles à l'œil nu — elles sont dévoilées dans la communion.

Cette déclaration à Cyrus démontre la capacité de Dieu à orchestrer des événements politiques et économiques pour subvenir aux besoins de son peuple. Des « trésors cachés » sont la richesse cachée, des stratégies d'investissement uniques ou des idées révolutionnaires que seule la direction divine peut révéler. Cette saison de prière et de jeûne est la clé spirituelle qui ouvre ces lieux secrets. En renonçant au physique et en élevant le spirituel, nous nous sensibilisons à recevoir les conseils spécifiques et stratégiques qui mènent à la création de richesse et à la provision surnaturelle.

Le but de cette provision surnaturelle est clair : « *Afin que tu saches que je suis l'Éternel…le Dieu d'Israël.* » L'élargissement doit être lui attribué et non au génie ou à la chance humaine. Lorsque Dieu dévoile ces richesses cachées, ta capacité à « élargir l'espace de ta tente » (Ésaïe 54:2) est atteinte sans effort ni difficulté.

Persévère aujourd'hui, en croyant que ton intimité avec Dieu te positionne actuellement pour accéder à la richesse stockée dans des lieux secrets pour la manifestation de ta destinée.

Action du jour : *Identifie un domaine de ta vie ou de ton ministère qui nécessite une percée financière ou des ressources importantes pour ton élargissement. Consacre 10 minutes à prier spécifiquement pour que les « trésors cachés » (l'idée ou la connexion unique) te soient révélés aujourd'hui.*

Prions

1. *Père, je te remercie d'être celui qui révèle les secrets et qui donne les richesses cachées, au nom de Jésus.*
2. *Saint-Esprit, libère la direction divine et les idées stratégiques dont j'ai besoin pour accéder à la provision surnaturelle pour mon élargissement, au nom de Jésus.*
3. *Je déclare que toutes les ressources et les capitaux nécessaires pour étendre les cordes de ma tente sont libérés de manière surnaturelle en ma faveur, au nom de Jésus.*
4. *Seigneur, que mon jeûne et ma prière lèvent le voile sur les trésors cachés réservés à ma destinée, au nom de Jésus.*
5. *Je reçois la sagesse et la révélation qui me distinguent comme un appelé par Dieu, manifestant ta gloire par la provision surnaturelle, au nom de Jésus.*

Mercredi 14 janvier **SOIS UN HOMME OU UNE FEMME DE PAIX**

Lis : Ésaïe 11:3-9

La Bible en 1 an : 1 Cor. 13-16
La Bible en 2 ans : Gen. 25-26

« Heureux ceux qui procurent la paix, car ils seront appelés fils de Dieu » (Matthieu 5:9).

La paix est l'une des caractéristiques les plus claires d'un véritable enfant de Dieu. Être un homme ou une femme de paix signifie vivre et agir comme Jésus-Christ, le *prince de la paix* (Ésaïe 9:6). Partout où Jésus, l'homme de paix allait, il calmait les tempêtes, apportait la guérison aux vies brisées, et la réconciliation là où il y avait division.

La prophétie d'Ésaïe dans notre texte dresse un magnifique tableau de Jésus-Christ, le Messie à venir, comme l'homme de paix par excellence. Il dit *: « Le loup habitera avec l'agneau, la panthère se couchera avec le chevreau… Et un petit enfant les conduira »* (Ésaïe 11:6). Il ne s'agit pas seulement d'une image poétique ; mais d'une révélation de la puissance du Christ à apporter l'harmonie là où règne l'hostilité.

Le mot hébreu *« Shalom »* signifie « rien de manquant, rien de briser ». Il décrit un état où tout est restauré à un ordre divin parfait. Jésus est venu apporter le *shalom* à l'humanité : la paix entre Dieu et l'homme, et la paix dans le cœur humain. Colossiens 1:20 dit : *« Il a voulu par lui réconcilier tout avec lui-même… en faisant la paix par lui, par le sang de sa croix. »*

Dans la prophétie d'Ésaïe, les féroces et les fragiles coexistent paisiblement parce que la connaissance du Seigneur remplit la terre. Lorsque tu laisses Christ régner dans ton cœur, sa paix remplira ton cœur, ton foyer, tes relations et ton monde.

Jésus est notre prince de paix (Ésaïe 9:6). Sa paix, *shalom,* est plus que le calme ; elle signifie plénitude, complétude, harmonie et bien-être total. Partout où Jésus règne, le chaos est remplacé par le calme, la haine par l'amour, et la confusion par l'ordre divin. Quand il rencontre un pécheur, la culpabilité et la honte cèdent la place au pardon et à la réconciliation.

Pour être un homme ou une femme de paix, tu dois laisser son esprit te transformer. Plus tu connais Jésus, plus tu deviens comme lui : doux, indulgent et conciliant. Ta présence doit apporter du calme là où il y a de la tension et la guérison là où il y a de la douleur.

Action du jour : *Y a-t-il quelqu'un avec qui tu ne t'entends pas bien ? Appelle la personne cette semaine ou montre-lui de la gentillesse d'une quelconque manière !*

Prions

1. *Père, merci d'avoir envoyé Jésus, le prince de paix, dans ma vie et ma famille, au nom de Jésus.*
2. *Père, remplis-moi du shalom du Christ ; la paix, dans mon cœur, mon esprit et mes relations, au nom de Jésus.*
3. *Seigneur, utilise-moi pour apporter la réconciliation et la guérison partout où il y a des conflits, au nom de Jésus.*
4. *Saint-Esprit, apprends-moi à marcher chaque jour dans la paix qui vient de la confiance en toi, au nom de Jésus.*

5. *Je décrète que la paix de Jésus-Christ, shalom, régnera dans ma vie, mon foyer et mon lieu de travail, au nom de Jésus.*

Jeudi 15 janvier **METS DE L'ORDRE DANS TA VIE**

Lis : Genèse 1:28-31

La Bible en 1 an : 2 Cor. 1-3
La Bible en 2 ans : Gen. 27

« Mais veillez à ce que tout se passe convenablement et non dans le désordre » (1 Corinthiens 14:40 BDS)

Dieu est un Dieu d'ordre. La création elle-même révèle cette vérité : le jour vient après la nuit, les mers ont des frontières, et le soleil ainsi que la lune se couchent à leur place respective (Genèse 1). Le désordre, en revanche, ouvre la porte au chaos, à la confusion et à la destruction. Paul a rappelé aux Corinthiens : *« Mais veillez à ce que tout se passe convenablement et non dans le désordre » (1 Corinthiens 14:40).* Si tu veux la paix et le progrès dans la vie, tu dois mettre de l'ordre dans ta vie.

Le mot « *ordre* » en grec est *« taxis »*, qui signifie « arrangement, discipline, alignement et séquence appropriée ». L'ordre est le dessein de Dieu pour la fécondité, la multiplication et la paix.

Tout d'abord, l'ordre commence par la lumière ; la Parole de Dieu et la prière. Cherche la lumière chaque jour pour naviguer dans les ténèbres de la vie (Psaume 119:105). Déclare la Parole de Dieu à tes montagnes (Marc 11:23). Donne la priorité au temps consacré à la lecture de la Bible et à la prière. L'absence d'ordre dans nos vies spirituelles, met à mal le bon fonctionnement de tous les autres domaines de nos vies.

Ensuite, mets de l'ordre dans ta famille et tes relations. La famille est l'unité la plus importante après Dieu. Quand la famille est attaquée, cela peut te déstabiliser. Valorise les relations saines, éloigne-toi des influences toxiques et entretiens tes relations avec beaucoup d'intentionnalité. Même un simple appel peut renforcer les liens (Proverbes 17:17).

Enfin, mets de l'ordre dans tes finances et ta santé. Le désordre financier est la racine de nombreux problèmes — stress dans les mariages, instabilité chez les enfants, et même problèmes de santé. Il est essentiel de donner la priorité à Dieu en payant la dîme (Malachie 3:10), de planifier ses dépenses, d'éviter la concurrence inutile, d'éviter des dépenses imprévues et de vivre selon ses moyens. Économise après avoir honoré Dieu. Vis selon tes moyens ; ne laisse pas un revenu soudain gonfler ton train de vie. Proverbes 21:20 dit : *« De précieux trésors de l'huile sont dans la demeure du sage mais l'homme insensé les engloutit »*.

Comme les boutons d'une chemise, si le premier est mal placé, les autres ne s'alignent pas correctement. Il en va de même pour la vie. Si Dieu n'est pas à la première place rien d'autre ne s'aligne. Mais lorsque l'ordre commence avec lui, la paix et la fécondité s'en suivent.

Action du jour : *Examine ta famille et tes finances. Tout va bien ? Mets les choses en ordre dès maintenant !*

Prions
1. *Père, merci d'être un Dieu d'ordre et de paix dans ma vie, au nom de Jésus.*
2. *Seigneur, aide-moi à te mettre à la première place, par la prière et la parole chaque jour, au nom de Jésus.*

3. *Père, rétablis l'ordre dans ma famille et mes relations ; élimine toute attaque de désunion, au nom de Jésus.*
4. *Père, délivre-moi du désordre financier et donne-moi la sagesse pour bien gérer les ressources, au nom de Jésus.*
5. *Père, fortifie-moi afin que je vive avec discipline, contentement et détermination, au nom de Jésus.*

Vendredi 16 janvier **RÉPONDRE À LA RÉVÉLATION DIVINE**

Lis : Ésaïe 6:1-8

> **La Bible en 1 an :** 2 Cor. 4-6
> **La Bible en 2 ans :** Gen. 28-29

« Aujourd'hui, si vous entendez la voix de Dieu, ne vous en durcissez pas » (Hébreux 4:7 BDS)

Quand Dieu se révèle à toi, il le fait pour te transformer. La révélation divine n'est pas là pour t'enthousiasmer ou pour t'impressionner spirituellement ; c'est une invitation à devenir davantage semblable à Christ. Paul a compris cela lorsqu'il priait pour que les croyants reçoivent *« l'Esprit de sagesse et de révélation »* afin de mieux connaître Christ *(Éphésiens 1:17).*

Le mot grec pour « révélation » est *« apocalypse »*, qui signifie « dévoilement » ou « révélation ». Il fait référence à la suppression du voile qui cache la vérité spirituelle du cœur. Quand Dieu donne une révélation, il dévoile des réalités cachées sur lui-même, sur ta condition ou sur son dessein pour ta vie. La révélation divine n'est pas une nouvelle information ; c'est une illumination. Des réalités cachées concernant ta destinée sont dévoilées.

La rencontre d'Ésaïe avec Dieu dans le temple est l'une des images les plus claires de la révélation divine. Quand le voile s'est levé, il a vu le Seigneur dans sa gloire et il a vu sa propre indignité. La véritable révélation apporte toujours la repentance avant de révéler la mission. Ésaïe s'est écrié : *« Malheur à moi ! Je suis perdu, car je suis un homme dont les lèvres sont impures. » (v.5).* Immédiatement, Dieu a envoyé un séraphin pour le purifier.

Réfléchis à ce témoignage touchant d'une sœur, dirigeante de chorale, qui a expérimenté la puissance du Saint-Esprit pendant une réunion de prière. L'Esprit de Dieu a révélé l'orgueil dans son cœur, et elle s'est effondrée en larmes et s'est repentie. Cette nuit-là a marqué le début de son puissant ministère auprès des jeunes femmes. La révélation a non seulement mis à nu son péché, mais a également libéré son appel.

Mon ami, Dieu ne se révèle pas pour te condamner, mais pour te purifier et te confier une mission. Une fois qu'Ésaïe fut purifié, il a entendu l'appel de Dieu : *« Qui enverrai-je ? »* et il a répondu : *« Me voici, Envoie-moi »*. Chaque révélation exige une réponse. Quand Dieu te montre sa volonté, ton devoir est de dire « Oui, Seigneur ! »

Action du jour : *Dieu t'a-t-il demandé de faire quelque chose ? Réponds dès aujourd'hui !*

Prions
1. *Seigneur, merci de te révéler à moi et de me révéler ta volonté, au nom de Jésus.*
2. *Père, ouvre mes yeux spirituels pour que je voie ce que tu me montres, au nom de Jésus.*
3. *Seigneur, purifie-moi de tout péché et de toute attitude qui m'empêche d'entendre ta voix, au nom de Jésus.*
4. *Père, donne-moi le courage d'obéir à chaque instruction divine que tu me révèles cette année, au nom de Jésus.*
5. *Je décrète que chaque révélation de Dieu mènera à la transformation et à la victoire dans ma vie, au nom de Jésus.*

Samedi 17 janvier **NE TE LIMITE PAS !**

Lis : Josué 1:5-9

La Bible en 1 an : 2 Cor. 7-9
La Bible en 2 ans : Gen. 30

« Ne t'ai-je pas donné cet ordre : Fortifie-toi et prends courage ? Ne t'effraie point et ne t'épouvante point, car l'Éternel, ton Dieu, est avec toi dans tout ce que tu entreprendras » (Josué 1:9).

Le mandat prophétique « élargis l'espace de ta tente » inclut l'instruction audacieuse « ne te limite pas » (Ésaïe 54:2). Cela signifie ne rien retenir – pas d'hésitation, pas de peur, et pas de limitation dans ta vision pour 2026. À partir du moment où tu reçois, dans tes temps de communion, la direction divine, ce dont tu as désormais besoin, c'est du courage spirituel pour exécuter ce plan divin.

Josué, sur le point d'entrer dans la terre promise, reçut ce triple commandement : *« Fortifie-toi et prends courage. Ne t'effraie point et ne t'épouvante point » (Josué 1:9).* C'est là le langage du combat contre le doute et les voix négatives de l'ennemi de ta destinée. Ami, sais-tu que la peur est l'ennemi spirituel qui paralyse l'action et avorte l'élargissement ?

Tout au long de sa vie, Josué combattit avec courage les nations qui occupaient la terre promise et rentra en possession du territoire que Dieu lui avait promis. Le seul fondement d'un tel courage et d'une pareille audace ; comme démontré par Josué, c'est l'assurance que nous n'avançons pas seuls : *« car l'Éternel, ton Dieu, est avec toi dans tout ce que tu entreprendras » (v. 9).* Notre prière et notre jeûne de ce mois ont garanti cette alliance de la présence de Dieu. Tu n'es pas seul ! L'onction de Dieu est sur toi !

Le mandat « ne te limite pas » exige que tu t'affranchisses de l'esprit de manque, des échecs passés ou du fait de te sous-estimer. C'est un appel à penser grand, à prier plus et à viser plus haut que jamais. Tu as certainement reçu un plan de la part du Saint-Esprit. Il est temps d'avancer avec la foi qui ordonne aux montagnes de se déplacer. Peu importe ce que tes mains trouvent à faire, fais-le de tout ton cœur et de toute ta force et tu connaîtras l'expansion divine, au nom de Jésus.

Action du jour : *Identifie un domaine de ta vie dans lequel tu t'es longtemps limité à cause de la peur. Tout au long de cette journée, déclare par la foi ta victoire sur cette peur et ce que tu comptes faire.*

Prions
1. *Père, merci pour l'esprit de puissance et de courage qui vit en moi, au nom de Jésus.*
2. *Saint-Esprit, donne-moi le courage d'agir selon la direction divine que j'ai reçue, au nom de Jésus.*
3. *Je déclare que je ne me limiterai pas dans mes prières, mes efforts et ma foi cette année, au nom de Jésus.*
4. *Je renonce à tout esprit de peur, de timidité et de découragement, au nom de Jésus.*
5. *Seigneur, que mon obéissance courageuse manifeste la pleine mesure de mon expansion promise, au nom de Jésus.*

Dimanche 18 janvier **LORSQUE DIEU VEUT DÉTRUIRE UN HOMME**

Lis : 1 Samuel 15:17-23

La Bible en 1 an : 2 Cor. 10-13
La Bible en 2 ans : Gen. 31

« L'arrogance précède la ruine, Et l'orgueil précède la chute » (Proverbes 16:18)

Dieu ne prend point plaisir à la destruction de quiconque. Les Écritures disent : *« je suis vivant ! … ce que je désire, ce n'est pas que le méchant meure, c'est qu'il change de conduite et qu'il vive » (Ézéchiel 33:11)*. Cependant, lorsqu'une personne endurcit son cœur et rejette Dieu régulièrement, certains signes révèlent que tu es sur le chemin de la destruction.

Premièrement, Dieu retire la lumière. La cécité spirituelle s'installe. Sans discernement, la personne fait des choix qui conduisent à la ruine (Romains 1:21). Samson a ignoré les signes d'avertissement jusqu'à ce que ses yeux soient crevés (Juges 16:21).

Deuxièmement, elle devient vaniteuse, repérant toujours les erreurs des autres et ignorant les siennes. Jésus a mis en garde contre l'hypocrisie qui consiste à voir la paille dans l'œil de l'autre tout en ignorant la poutre dans le sien (Matthieu 7:3-5).

Troisièmement, l'arrogance et la cupidité s'enracinent. Nebucadnetsar se vanta de son royaume, mais Dieu l'humilia jusqu'à ce qu'il reconnût le règne du ciel (Daniel 4:30-37). La cupidité aveugla Judas qui ensuite trahit

Jésus pour de l'argent, ce qui se termina en tragédie (Matthieu 27:3-5).

Quatrièmement, une telle personne commence à faire des erreurs absurdes. Le roi Saül, autrefois choisi par Dieu, fit des vœux irrationnels, désobéit aux instructions divines et rejeta le conseil de Samuel, ce qui lui fit perdre le royaume (1 Samuel 15:22-23). Rejeter le conseil de la sagesse est un signe évident d'une chute imminente.

Finalement, la destruction arrive. Proverbes 29:1 le dit : *« Un homme qui mérite d'être repris, et qui raidit le cou, Sera brisé subitement et sans remède. »*

Toutefois, il y a de l'espoir : la repentance peut inverser la course. Les Ninivites étaient destinés à la destruction, mais lorsqu'ils s'humilièrent dans le jeûne et la prière, Dieu fut apaisé (Jonas 3:10). Examine ta vie aujourd'hui. Si tu vois ces signes, rentre en courant vers Dieu. Sa miséricorde parle plus fort que le jugement.

Action du jour : *Attends patiemment devant Dieu aujourd'hui et demande-lui d'exposer toute rébellion cachée dans ton cœur que tu dois traiter.*

Prions
1. *Père, merci de m'avertir dans l'amour avant que ne vienne la destruction, au nom de Jésus.*
2. *Seigneur, restaure ma vue spirituelle et mon discernement, au nom de Jésus.*
3. *Père, délivre-moi de l'orgueil, de l'arrogance et de la vanité, au nom de Jésus.*
4. *Cher Père, déracine de mon cœur la cupidité et l'arrogance, au nom de Jésus.*

5. Père, délivre-moi du chemin de la destruction et ordonne mes pas cette année, au nom de Jésus.

Lundi 19 Janvier **ÉLARGI PAR LA SOUFFRANCE**

Lis : Philippiens 3:10-11

> **La Bible en 1 an :** 1 Sam. 1-3
> **La Bible en 2 ans :** Gen. 32-33

« Afin de connaître Christ, et la puissance de sa résurrection, et la communion de ses souffrances, en devenant conforme à lui dans sa mort »
(Philippiens 3:10)

Plusieurs personnes veulent connaître la puissance de Christ, mais peu d'entre elles sont prêtes à partager ses souffrances. Pourtant, la souffrance est fréquemment le lieu où l'intimité avec Dieu grandit le plus. Paul avait compris que la douleur n'est pas une punition ; elle est un partenariat. Chaque larme qu'il coulait pour l'Évangile approfondissait sa communion avec Christ.

Jésus lui-même était un *« Homme de douleur et habitué à la souffrance » (Ésaïe 53:3).* À Gethsémané, il s'est battu contre l'angoisse. Cependant il a dit : *« que ma volonté ne se fasse pas, mais la tienne » (Luc 22:42).* Son obéissance par la souffrance a produit la croissance la plus importante : le salut pour l'humanité. Lorsque tu traverses les moments douloureux avec Dieu, tu ne fais pas que l'endurer ; tu es également transformé par elle. Traverses-tu des moments de douleur ? Te transforme-t-elle ou te déforme-t-elle ?

L'histoire de Joseph est une image également claire. Trahi par ses frères, emprisonné injustement et oublié des hommes, Joseph aurait pu développer de l'amertume. Mais au travers des épreuves, il a appris à faire confiance à la présence de Dieu plus qu'à sa réalité. Lorsqu'il fut enfin élevé en puissance, il dit : *« Dieu l'a changé en bien » (Genèse 50:20).* La prison l'a préparé pour le palais. Malheureusement, la douleur a détruit certaines personnes.

Le mot grec *« Koinonia »* dans ce contexte signifie « partager profondément l'expérience de l'autre ». Paul ne voulait pas simplement observer la souffrance de Christ ; il voulait y prendre part, sachant qu'à travers elle, il prendrait également part à la puissance de la résurrection de Christ. L'intimité grandit lorsque tu rencontres Dieu, pas uniquement dans les bénédictions mais aussi dans les combats.

Ta souffrance peut être douloureuse, mais elle n'est pas sans objectif ; elle te rend spirituellement puissant. Dieu élargit ton cœur au travers de ce que tu endures, afin que plus tard tu réconfortes et fortifies les autres (2 Corinthiens 1:3-4).

Action du jour : *Au lieu de demander « pourquoi moi ? », prie « qu'est-ce que tu m'enseignes Seigneur ? » et écris ce qu'il te révèle !*

Prions

1. *Merci, Seigneur, d'être avec moi dans chaque épreuve et de transformer ma douleur en but, au nom de Jésus.*
2. *Seigneur, aide-moi à voir la souffrance comme un lieu de communion, et non d'abandon, au nom de Jésus.*
3. *Père, guéris toute blessure dans mon cœur et fortifie ma foi au travers des épreuves, au nom de Jésus.*
4. *Père, que mes épreuves actuelles produisent la sagesse, la compassion et l'endurance, au nom de Jésus.*

5. *Je décrète que ma douleur produira la gloire ; je me lèverai plus fort, plus sage et plus intime avec Dieu, au nom de Jésus.*

Prières prophétiques de la semaine
1. **« Approchez-vous de Dieu... »** *(Jacques 4:8).* *Mon cœur se rapprochera davantage de Dieu chaque jour, au nom de Jésus.*
2. **« Je marcherai moi-même avec toi » (Exode 33:14).** *Je ne m'éloignerai pas de la présence de Dieu, au nom de Jésus.*
3. **« Comme une biche soupire... »** *(Psaume 42:2).* *Rien n'étanchera ma soif pour Dieu cette année, au nom de Jésus.*

Mardi 20 janvier ÉLARGI EN SE LAISSANT ÊTRE BRISÉ

Lis : Luc 7:36-50

La Bible en 1 an : 1 Sam. 4-7
La Bible en 2 ans : Gen. 34-35

« Elle se tint derrière lui, à ses pieds. Elle pleurait ; elle se mit à mouiller de ses larmes les pieds de Jésus ; alors elle les essuya avec ses cheveux et, en les embrassant, elle versait le parfum sur eux » (Luc 7:38 BDS).

Se laisser être brisé est la voie vers l'intimité. Ce n'est pas de la faiblesse ; c'est l'ouverture et la vulnérabilité pour des expériences plus profondes avec Dieu. Un cœur brisé est une terre fertile pour l'œuvre du Saint-Esprit. Ton cœur est-il brisé ou endurci ?

Dans la maison de Simon, une femme pècheresse vint vers Jésus pleurant et transportant un vase d'albâtre plein de parfum. Elle ne parla pas beaucoup, pourtant, ses larmes parlèrent plus fort que ses mots. Tandis que les autres la jugeaient, Jésus vit un cœur complètement soumis. Il dit : *« ses nombreux péchés ont été pardonnés : car elle a beaucoup aimé » (v.47).* Son brisement devint un parfum d'intimité.

Je suis né de nouveau le 7 février 1992. Ce fut une glorieuse expérience ; mon cœur était rempli de joie et de paix car j'avais reçu du Seigneur le pardon de mes péchés. Malheureusement, plus tard cette année-là, je suis de nouveau tombé dans le péché et j'ai abandonné la foi car je ne m'étais pas séparé de mes amis non croyants. En août 1993, j'ai eu une nouvelle rencontre avec Jésus-Christ. La conviction était si profonde que j'ai pleuré pendant plus de trois heures, me repentant de mes péchés. Mon cœur a littéralement fondu en moi et ma vie a changé pour toujours. Je ne suis plus jamais retourné dans le passé. Depuis ce moment, je vais de gloire en gloire, par la grâce de Dieu.

Dans Luc 7:38, « pleurer » renvoie au mot grec *« Klaio »* qui signifie « se lamenter d'une douleur profonde mais avec un espoir de soulagement ». Dieu ne méprise pas *Klaio* ; il le transforme en guérison et en expansion. C'est ce qu'il a fait pour moi en août 1993. J'ai vu plusieurs personnes se repentir en versant des larmes sincères et Dieu a transformé leurs vies.

Aujourd'hui, plusieurs veulent l'expansion sans l'abandon. Mais avant de t'élargir, Dieu brise d'abord ton orgueil. Le parfum ne pouvait pas envahir la pièce sans que le vase ne soit brisé. De même, le Saint-Esprit ne peut pas pleinement couler dans un cœur endurci. Lorsque tu déverses devant Jésus ta douleur, tes erreurs et tes peurs, il comble ces espaces vides de son amour et de sa puissance.

Lorsque que tu acceptes d'être brisé, tu invites la plénitude de Dieu. Le lieu de tes larmes peut devenir le lieu de ton témoignage.

Action du jour : *Déverse ton cœur avec sincérité devant Dieu aujourd'hui. Ne cache pas ta douleur; abandonne-la !*

Prions
1. *Père, merci parce que tu te rapproches de ceux qui ont le cœur brisé et tu guéris nos blessures, au nom de Jésus.*
2. *Père, brise tout orgueil et dureté en moi qui empêchent l'intimité avec toi, au nom de Jésus.*

3. Ô Seigneur, transforme toute douleur et échec dans ma vie en instrument de ta gloire, au nom de Jésus.
4. Père, élargis ma capacité à aimer et à pardonner par la puissance du fait d'être brisé, au nom de Jésus.
5. Pose ta main sur ta poitrine et prie 5 fois : « je reçois la guérison divine dans mon corps, mon âme et mon esprit maintenant, au nom de Jésus ».

Mercredi 21 janvier — **RECHERCHE SA FACE, PAS UNIQUEMENT SA MAIN**

Lis : Psaume 27:4-14

> **La Bible en 1 an :** 1 Sam. 8-10
> **La Bible en 2 ans :** Gen. 36

« Mon cœur dit de ta part : Cherchez ma face ! Je cherche ta face, ô Éternel ! » (Psaume 27:8)

Tandis que nous approchons de la fin de la seconde moitié de ce mois centré sur l'élargissement par la communion, nous devons examiner la motivation derrière notre quête. Avons-nous cherché Dieu simplement pour sa main (sa direction, sa provision, sa bénédiction) ou pour sa face (sa présence, son amour et la connaissance intime de sa personne) ?

Dans notre texte, David révèle le cœur de la véritable dévotion : quand Dieu l'a appelé à chercher sa face, son cœur a immédiatement accepté l'instruction. Voici le but de notre thème du mois de janvier. Notre objectif n'est pas juste de recevoir des choses de Dieu, nous le voulons lui. C'est triste le fait que certaines personnes ne s'intéressent qu'à recevoir des miracles et non pas à ressembler à Jésus-Christ, celui qui opère les miracles.

La promesse de l'élargissement (Ésaïe 54:2) ne consiste pas seulement à élargir sa tente ; il s'agit d'élargir sa relation avec celui qui donne la tente. David a témoigné que son plus grand désir était d'*« habiter toute [sa] vie dans la maison de l'Éternel » (v. 4)*. Cet état d'âme de recherche permanente de la présence de Dieu notamment sa face, est ce qui nous qualifie pour la sécurité et la percée. Lorsque nous donnons la priorité à Dieu, les bénédictions de sa main : la faveur, la direction divine et la provision, suivent sans effort.

Le jeûne et la prière, dans leur pureté, sont un acte d'adoration qui montre à Dieu que nous valorisons sa personne plus que ses dons. Si nous cherchons uniquement ses dons, nous risquons de recevoir la direction mais de manquer la puissance spirituelle nécessaire pour soutenir l'élargissement. Cependant, lorsque nous cherchons sa face, nous demeurons dans un lieu de repos surnaturel, à l'abri de la peur (v.5).

Qu'aujourd'hui soit un jour de recalibrage. Déplace ton attention des pressions de tes besoins vers le privilège de sa présence. Ta destinée est garantie quand ton cœur dit : « Je cherche ta face, ô Éternel ! »

Action du jour : *Avant de faire une prière ou une étude aujourd'hui, loue Dieu pendant 10 minutes de manière intentionnelle, le remerciant pour qui il est (ses attributs) et non pour ce qu'il fait (ses bénédictions) !*

Prions

1. *Père, merci parce que tu es un Dieu qui désire une intimité profonde et intentionnelle avec moi, au nom de Jésus.*
2. *Saint-Esprit, redirige mon attention de la recherche focalisée sur tes bénédictions à la recherche passionnée de ta glorieuse face, au nom de Jésus.*
3. *Je déclare que le plus grand désir de mon cœur est de demeurer dans ta présence et de contempler ta beauté pour toujours, au nom de Jésus.*

4. *Seigneur, pendant que je donne la priorité à la communion avec toi, que les bénédictions de ta main (ta direction et l'élargissement) me suivent automatiquement, au nom de Jésus.*
5. *Je rejette l'esprit de performance ; je me reposerai dans ton amour, sachant que ta présence est mon ultime assurance, au nom de Jésus.*

Jeudi 22 janvier **OUBLIE LE PASSÉ HONTEUX**

Lis : Philippiens 3:12-16

La Bible en 1 an : 1 Sam. 11-13
La Bible en 2 ans : Gen. 37

« Frères, je ne pense pas l'avoir saisi ; mais je fais une chose : oubliant ce qui est en arrière et me portant vers ce qui est en avant, je cours vers le but, pour remporter le prix de la vocation céleste de Dieu en Jésus-Christ » (Philippiens 3:13-14)

L'ordre d'« élargir l'espace de sa tente » vient avec un prérequis spirituel : nous devons volontairement nous débarrasser du poids du passé. Ésaïe 54:4 nous instruit clairement : *« Mais tu oublieras la honte de ta jeunesse, Et tu ne te souviendras plus de l'opprobre de ton veuvage. »* Tes blessures du passé, tes échecs et même tes réussites du passé, peuvent devenir des mauvais poids spirituels ou des blocages qui t'empêchent d'avancer vers le vaste territoire de ton élargissement promis cette année.

L'apôtre Paul comprenait que la percée nécessite une progression continue. Ami, si tu ralentis, tu ne vivras jamais une percée ! Paul prit une décision consciente et quotidienne d'oublier les choses de son passé ; ses réussites et échecs passés. Il excella dans le ministère et acheva sa course dans la gloire (2 Timothée 4:7-8). Tu peux réaliser une grande percée cette année.

Toutefois, tu dois savoir que tu ne peux pas courir efficacement vers le prix si tu continues de regarder en arrière. Fais cet exercice : essaie de regarder vers le haut et vers le bas en même temps. Essaie d'avancer en regardant en l'arrière. C'est impossible ! C'est épuisant !

Si tu veux que ta communion avec Dieu t'apporte une conduite claire, tu dois détourner ton esprit de ces choses du passé qui obscurcissent ta vision. La honte aveugle ; le manque de pardon te ralentit ; se concentrer sur les échecs passés engendre la peur.

Le jeûne et la prière sont les outils qui nous aident à abandonner notre fardeau du passé. Ils élèvent notre perspective, nous permettant ainsi de voir la valeur immense du prix à venir : l'appel ascendant de Dieu qui dépasse de loin la douleur du passé.

Tu dois activement choisir de te libérer de tout poids émotionnel négatif et refuser de permettre à l'ennemi d'utiliser ton histoire sombre pour assombrir ton avenir. Aujourd'hui, aligne ton cœur au mandat de Dieu : ton passé ne dicte pas ta destinée.

Action du jour : *Prends un moment et écris un sujet de honte spécifique, un échec du passé ou le manque de pardon que tu portes et qui doit être éliminé. Traite-les maintenant.*

Prions
1. *Père, je te remercie de ce qu'en Christ, mon passé est pardonné et oublié, au nom de Jésus.*
2. *Saint-Esprit, accorde-moi la grâce de renoncer volontairement et complètement à toute honte, toute blessure et tout échec qui cherchent à s'accrocher à moi, au nom de Jésus.*
3. *Je déclare que je ne suis pas défini par mon histoire, mais par le futur glorieux et élargi que tu as préparé pour moi, au nom de Jésus.*

4. *Seigneur, donne-moi une seule motivation pour avancer vers l'appel élevé du prix, au nom de Jésus.*
5. *Je reçois la guérison émotionnelle et spirituelle de tout reproche du passé et j'entre dans ma conduite divine avec un but redéfini, au nom de Jésus.*

Vendredi 23 janvier   **BAIGNÉ DANS DU LAIT**

Lis : 1 Pierre 2:1-3

> **La Bible en 1 an :** 1 Sam. 14-16
> **La Bible en 2 ans :** Gen. 38-39

« Ses yeux sont comme des colombes au bord des ruisseaux, Se baignant dans le lait, Reposant au sein de l'abondance » (Cantiques des cantiques 5:12).

Jésus-Christ est mort pour nous afin que nous soyons unis avec lui et que nous ayons une part dans sa pureté.

Le livre de Cantique des Cantiques de Salomon nous donne l'une des images les plus tendre de Christ, notre époux : *« Ses yeux sont comme des colombes… se baignant dans le lait. »* En hébreux, le mot *« Rahats »* signifie laver, purifier ou faire briller. Le lait *« halav »* symbolise la nutrition, la pureté et l'abondance. Dans son ensemble, la phrase « se baignant dans le lait » dépeint des yeux pleins de pureté, de bonté et d'une clarté rayonnante.

Lorsque Christ regarde son épouse, il ne voit ni la condamnation ni la corruption. Son regard est pur et compatissant, tels les yeux baignés dans du lait. Les rabbins considéraient cela comme la pureté de la Parole de Dieu. Les premiers écrivains chrétiens comme Gregory de Nyssa l'ont considéré comme la clarté des Évangiles. Les deux images révèlent une vérité cruciale : les yeux de Christ sont pleins de lumière et ceux qui lèvent les yeux vers son regard sont nourris et purifiés.

Considère la manière dont un nouveau-né se nourrit du lait pur (1 Pierre 2 : 2). Tout comme le lait soutient la vie physique, la Parole de Christ soutient notre vie spirituelle. Ses yeux « baignés dans du lait », nous rappelle que le regard du Seigneur est toujours pur, abondant et vivifiant. Il nous appelle à partager cette même vision, à regarder les autres avec pureté, miséricorde et amour.

Une missionnaire témoigna de la façon dont son regard sur une tribu hostile changea après des semaines de prière. Au lieu de voir des rebelles violents, elle voyait désormais des âmes brisées que Christ aime. Ce changement ouvrit la porte du salut, de la réconciliation et du réveil.

Lorsque nos yeux sont lavés dans le « lait » de la Parole de Dieu, nous commençons à voir ce qu'il voit. Aujourd'hui, va vers Dieu dans la prière sincère et demande-lui de laver tes yeux avec le lait de sa sainte Parole.

Action du jour : *Établis un programme de lecture de la Bible et demande à Dieu la grâce de le suivre.*

Prions
1. *Père, merci, Seigneur de me regarder avec les yeux de pureté et de compassion, au nom de Jésus.*
2. *Père, lave mes yeux avec le lait de ta Parole pour que je vois avec clarté, au nom de Jésus.*
3. *Ô Seigneur, délivre-moi de la vision obscurcie causée par le péché et la corruption, au nom de Jésus.*
4. *Père, aide-moi à voir les autres avec amour, miséricorde et vérité, au nom de Jésus.*
5. *Que ma vie brille de la pureté de ton regard, au nom de Jésus.*
6. *Je déclare que j'aurai des visions inhabituelles cette saison pour des résultats inhabituels, au nom de Jésus.*

Samedi 24 janvier   **PARFUMÉ DE MYRRHE**

Lis : Cantique des cantiques 1:13 ; Jean 19:39

> **La Bible en 1 an :** 1 Sam. 17-20
> **La Bible en 2 ans :** Gen. 40-41:1-36

« Mon bien-aimé est pour moi un bouquet de myrrhe, Qui repose entre mes seins » **(Cantique des cantiques 1:13)**

Jésus veut que tu deviennes tout ce qu'il est. En principe, tout époux veut le meilleur pour son épouse. Sais-tu que tu es l'épouse de Jésus ?

Dans notre lecture, l'épouse décrit son bien-aimé comme « *un bouquet de myrrhe* ». La myrrhe, en hébreux « Mor » revêt une profonde signification symbolique dans les écritures. Elle vient d'un raisin qui doit être écrasé pour produire son parfum. Elle signifie « amertume », nous rappelant la souffrance et le sacrifice. À l'époque biblique, la myrrhe était utilisée pour l'onction, l'embaumement du mort et l'adoration (Exode 30:23 ; Jean 19:39).

Cette image renvoie parfaitement à Christ. À sa naissance, les mages lui offrirent de la myrrhe (Matthieu 2:11), préfigurant sa mort sacrificielle sur la croix. Lors de son ensevelissement, Nicodème ramena de la myrrhe pour embaumer son corps (Jean 19:39). Le bouquet de myrrhe symbolise la présence de Jésus qui repose près du cœur du croyant et libère le parfum de son amour et de son sacrifice.

Être « parfumé de myrrhe » signifie porter la douceur de la souffrance de Christ en nous. Il est important de se rappeler que la communion avec lui a un prix. Tout comme la myrrhe devait être pressé, notre Seigneur fut brisé pour notre salut (Ésaïe 53:5). Cependant, de sa douleur jaillit le parfum de la vie éternelle.

Un jour, un missionnaire a décrit son séjour parmi des croyants qui avaient tout perdu mais qui rayonnaient de joie. Leur parfum était sans doute la présence de Christ dans la souffrance. Tout comme le bouquet de myrrhe, ils portaient Jésus près de leurs cœurs et sa beauté était évidente pour tous.

Aujourd'hui, nous sommes appelés à embrasser à la fois la douceur et le prix de la présence de Christ. L'aimer c'est partager ses souffrances (Philippiens 3:10), mais également, diffuser son parfum partout où nous allons (2 Corinthiens 2:15).

Déclaration : *Tout ce que le diable a préparé pour voler ma joie ne fonctionnera pas !*

Prions
1. *Père, merci pour le parfum de ton amour sacrificiel, au nom de Jésus ;*
2. *Ô Seigneur, que mon cœur chérisse Christ au-delà de tout, au nom de Jésus.*
3. *Père, enseigne-moi à embrasser le prix de la communion avec toi, au nom de Jésus.*
4. *Père, que ma vie rayonne du parfum de Christ aux autres partout où je vais, au nom de Jésus.*
5. *Père, écrase tout orgueil et tout péché en moi jusqu'à ce que le parfum de Christ se répande, au nom de Jésus.*

Dimanche 25 janvier **DÉTRUIS LE VOILE DE L'ORGUEIL**

Lis : Apocalypse 3:14-22

La Bible en 1 an : Eph. 1-3
La Bible en 2 ans : Gen. 41:37-57; 42

« Parce que tu dis : Je suis riche, je me suis enrichi, et je n'ai besoin de rien, et parce que tu ne sais pas que tu es malheureux, misérable, pauvre, aveugle et nu » (Apocalypse 3:17).

L'orgueil est l'un des voiles spirituels les plus subtils et les plus dangereux que tu dois détruire dans ta vie. Le voile de l'orgueil avait aveuglé les croyants de Laodicée. Ils se croyaient spirituellement forts parce que sur le plan financier, ils étaient prospères. Mais Jésus leur a révélé la tragique vérité : ils étaient aveugles.

Le mot grec traduit par orgueil dans les Écritures, c'est *« Huperephanos »*, qui signifie *« se placer au-dessus de tout, s'exalter, se sentir supérieur ou autosuffisant »*. Il décrit une personne qui décide d'occuper une place d'honneur que Dieu ne lui destine pas. À cause de l'orgueil, l'on développe une indépendance vis-à-vis de Dieu et une dépendance vis-à-vis de la chair. L'orgueil ferme tes yeux sur tes faiblesses et t'empêche de voir ton besoin de Dieu et la correction du Saint-Esprit. Tant que l'orgueil règne dans un cœur, l'élargissement est impossible.

Jacques 4:6 dit : *« Dieu résiste aux orgueilleux, mais il fait grâce aux humbles. »*
Le mot « résister » signifie littéralement « s'opposer à ». Pourquoi ? Dieu résiste aux orgueilleux, car l'orgueil, qui est

une forme d'égocentrisme, met la personne, en proie à cette attitude, en compétition avec Dieu pour la suprématie, la rendant insensible à la grâce et à la direction divines.

Imagine-toi marchant dans une pièce sombre, une bougie à la main. La bougie représente la direction divine. L'orgueil, c'est comme couvrir la bougie d'un pot en argile : la lumière brille toujours à l'intérieur du pot, mais tu ne peux pas la voir. Tu trébuches, tu te cognes contre les meubles et tu te blesses. Le problème n'est pas l'absence de lumière, mais la présence du couvercle. Lorsque tu soulèves le pot, toute la pièce s'illumine. De la même manière, lorsque tu te débarrasses de l'orgueil, la lumière de Dieu inonde ton cœur, apportant clarté, guérison et direction.

L'élargissement divin requiert l'humilité. Dieu ne peut élever que ceux qui se prosternent devant lui. L'orgueil dit : « Je sais tout ». L'humilité dit : « Seigneur, enseigne-moi ». L'orgueil dit « Je n'ai pas besoin d'aide ». L'humilité dit : « Sans toi, je ne suis rien ».

Action du jour : *Identifie un domaine de ta vie où l'orgueil pourrait se cacher et dépose-le aux pieds de Dieu de manière intentionnelle !*

Prions

1. *Père, merci de m'appeler à être humble et à dépendre de toi, au nom de Jésus.*
2. *Seigneur, dévoile et brise tout orgueil caché dans mon cœur, au nom de Jésus.*
3. *Père, accorde-moi la grâce de me soumettre à ta Parole et à ta correction, au nom de Jésus.*
4. *Seigneur, revêts-moi chaque jour de l'humilité de Christ, au nom de Jésus.*

5. *Je décrète que l'orgueil n'entravera pas mon élargissement cette année, au nom de Jésus.*

Lundi 26 janvier **NE MANGE PAS TA SEMENCE**

Lis : Genèse 1:11-12 ; 8:22

La Bible en 1 an : Eph. 4-6
La Bible en 2 ans : Gen. 43-44

« Celui qui fournit la semence au semeur et du pain pour sa nourriture » (2 Corinthiens 9:10)

Ne mange pas ta semence ; sème-la pour une récolte abondante !

T'es-tu déjà demandé pourquoi Dieu a mis un noyau dans l'avocat ? Ce n'est pas pour servir de décoration. Ce n'est pas un hasard. C'est la sagesse divine cachée sous nos yeux. En réfléchissant à cette question, j'ai découvert de nombreuses raisons, mais au cœur de toutes, se trouve le principe de Dieu sur l'économie : le principe de la semence. Dès le commencement, Dieu a conçu toute la création pour qu'elle se multiplie. Chaque fruit a une semence, car Dieu ne souhaite pas que la vie s'arrête à une seule génération. Un avocat aujourd'hui porte en son cœur la possibilité d'un verger demain.

De même, tout ce que Dieu te donne porte une semence. Chaque salaire, chaque petit revenu, chaque don, chaque compétence et chaque opportunité recèlent une graine pour ton avenir. Le drame pour plusieurs croyants est qu'ils consomment le fruit entier, y compris la semence, sans rien laisser pour semer demain. Dieu donne « la semence au semeur et du pain pour sa nourriture ». Le pain est fait pour être consommé dans sa totalité ; la semence, pour être semée. La sagesse consiste à discerner la différence, à savoir séparer ce qu'il faut semer de ses revenus.

Pour accéder à la liberté financière, les Écritures préconisent trois étapes pratiques. La première est la planification financière. *« Les projets de l'homme diligent ne mènent qu'à l'abondance » (Proverbes 21:5)*. Dieu lui-même a planifié la création avant même de l'appeler à l'existence. Sans plan, l'argent se volatilise. Même tes économies ou tes cotisations (njangi) doivent avoir un objectif précis.

La deuxième est la discipline. Proverbes 6 nous incite à observer la fourmi. Elle est travailleuse, persévérante et clairvoyante. La discipline consiste à faire preuve de maîtrise de soi, même lorsque les émotions s'y opposent. Sans discipline, la liberté financière est impossible.

La troisième est l'investissement. *« Répartis ton bien en sept ou huit parts… » (Ecclésiaste 11:2 BDS)*. L'argent ne fructifie que lorsqu'il est investi. Ne dépends pas d'une seule source de revenus. Fais travailler ton argent pour toi.

Action du jour : *Paies-tu ta dîme à Dieu ? Si ce n'est pas le cas, décide dès maintenant de commencer à le faire et prie pour recevoir sa grâce !*

Prions
1. *Père, merci de me bénir continuellement avec de la semence, au nom de Jésus.*
2. *Seigneur, donne-moi la sagesse pour reconnaître la semence cachée dans chaque revenu, chaque don et chaque opportunité que tu m'accordes, au nom de Jésus.*
3. *Père, délivre-moi de la tentation de consommer ma semence et apprends-moi à distinguer clairement le pain d'aujourd'hui de la semence de demain, au nom de Jésus.*

4. *Saint-Esprit, aide-moi à planifier mes finances avec diligence, détermination et sagesse divine, au nom de Jésus.*
5. *Seigneur, accorde-moi la discipline et la maîtrise de soi nécessaires pour travailler dur, éviter le gaspillage et gérer fidèlement chaque ressource, au nom de Jésus.*
6. *Père, guide-moi vers des investissements judicieux et de multiples sources de revenus qui t'honorent et assurent mon avenir, au nom de Jésus.*

Prières prophétiques de la semaine
1. **« Demeurez en moi… » (Jean 15:4)** *Je suis inébranlable, indestructible et immuable en Jésus-Christ, au nom de Jésus.*
2. **« Il révèle ses secrets à ses serviteurs. » (Amos 3:7)** *Je reçois aujourd'hui des secrets divins et des révélations divines, au nom de Jésus.*
3. **« Vous serez saints, car je suis saint. » (1 Pierre 1:16)** *Je marche dans la pureté et la sainteté par la puissance de Dieu, au nom de Jésus.*

Mardi 27 janvier **LES SEPT LOIS POUR GAGNER DE L'ARGENT**

Lis : Deutéronome 8:1-18

> **La Bible en 1 an :** Phil. 1-4
> **La Bible en 2 ans :** Gen. 45-46

« Car il est comme les pensées dans son âme. » (Proverbes 23:7)

Dieu n'est pas contre ta prospérité ; Il est contre la cupidité et la malhonnêteté. En fait, ta prospérité dans l'alliance honore Dieu (verset 18). Tout au long des Écritures, Dieu révèle les principes qui régissent l'augmentation financière. La vérité fondamentale que tu dois apprendre est que la richesse n'est jamais accidentelle ; elle est le produit de lois divines appliquées de manière cohérente.

1. ***La loi de la CROYANCE :*** Les Écritures enseignent : *« Comme un homme pense... ainsi il est »*. La pauvreté commence dans l'esprit avant de se manifester dans le portefeuille. Lorsque tu crois que tu es appelé à prospérer pour la gloire de Dieu (3 Jean 2), tes actions commencent à se conformer au plan de Dieu.
2. ***La loi de l'ÉDUCATION FINANCIÈRE :*** L'ignorance coûte cher. Lindon Johnson a dit : *«* La pauvreté a de nombreuses causes, mais l'ignorance en est la principale *»*. Proverbes 24:3-4 dit que la richesse se construit grâce à la sagesse, la compréhension et la connaissance. Tu dois apprendre à établir un budget, à épargner, à investir et à gérer tes finances. Lis, pose des

questions, assiste à des séminaires et recherche un mentor.
3. ***La loi des RELATIONS*** : Aucune destinée ne se construit dans l'isolement. Joseph a rencontré Pharaon grâce à l'échanson. David est devenu roi grâce à la loyauté de Jonathan. Proverbes 13:20 montre que les relations influencent l'ascension sociale. Construis tes relations de manière intentionnelle. Entoure-toi de personnes qui peuvent t'aider à réussir.
4. ***La loi de la CRÉATIVITÉ*** : Dieu donne le pouvoir de créer la richesse (Deutéronome 8:18). Dieu donne le pouvoir, et tu crées la richesse. La créativité est une monnaie divine. Chaque problème cache une opportunité. La richesse coule à flots vers ceux qui pensent différemment et apportent une valeur ajoutée.
5. ***La loi de l'EXCELLENCE*** : Daniel a été promu parce qu'un esprit d'excellence le distinguait (Daniel 6:3). L'excellence parle plus fort que les relations. Quoi que tu fasses, fais-le bien (Colossiens 3:23-24).
6. ***La loi de l'ONCTION*** : Le Saint-Esprit donne des idées, de la sagesse et une faveur qu'aucun livre ne peut enseigner (Ésaïe 45:3 ; 1 Samuel 16:13). La réussite financière est plus facile lorsque tu t'associes à lui.
7. ***La loi de L'AGRICULTEUR*** : Dieu a institué la semence et la moisson (Genèse 8:22). Donnez, et il vous sera donné (Luc 6:38). Investis dans une entreprise, et tes finances prospéreront. Les agriculteurs comprennent la patience : la semence, le temps et la récolte. L'argent ne vient pas par la prière ; il vient par des investissements stratégiques.

Action du jour : *Aujourd'hui, demande à Dieu de te révéler la* *raison de ta stagnation financière !*

Prions
1. *Père, je te remercie de me donner la sagesse, les principes et la force de créer de la richesse, au nom de Jésus.*
2. *Seigneur, renouvelle ma pensée et brise toute croyance limitante qui m'empêche de progresser financièrement, au nom de Jésus.*
3. *Saint-Esprit, enseigne-moi la sagesse, la discipline et la compréhension nécessaires pour gérer l'argent et bâtir un patrimoine, au nom de Jésus.*
4. *Père, connecte-moi aux bonnes personnes, inspire-moi de bonnes idées, donne-moi des opportunités et place-moi dans de bons environnements qui me permettront d'atteindre la prospérité financière, au nom de Jésus.*
5. *Je décrète que la richesse, la faveur, la créativité et les opportunités divines nous localisent, ma famille et moi, à partir d'aujourd'hui, au nom de Jésus.*

Mercredi 28 janvier **CINQ FAÇONS DE DÉMARRER UNE PETITE ENTREPRISE**

Lis : Genèse 26:12-14

La Bible en 1 an : Deut. 1-3
La Bible en 2 ans : Gen. 47-48

« Les œuvres de ses mains seront bénies » (Deutéronome 28:12)

Dieu se délecte de la prospérité de l'élargissement économique de son peuple. Mais la prospérité suit l'action, pas le rêve. De nombreux croyants désirent des percées financières, mais ils restent inactifs, attendant un miracle, alors que Dieu s'attend à ce qu'ils prennent en main leurs responsabilités.

La Bible nous enseigne que : *« Si quelqu'un n'est pas prêt à travailler, il ne doit pas non plus manger » (2 Thessaloniciens 3:10).* Démarrer une petite entreprise, aussi petite soit-elle, est l'un des moyens les plus simples d'activer la bénédiction de Dieu sur le travail de tes mains.

1. *Principe n° 1 PRODUIS :* sois productif. Cultive quelque chose, fais de l'élevage ou fabrique quelque chose. Chaque produit commence par un effort brut. Lorsque tu produis, tu crées de la valeur que d'autres sont prêts à acheter.
2. *Principe n° 2 TRANSFORME* : ne t'arrête pas à la production brute ; ajoute de la valeur. Lorsque tu transformes le maïs en farine, le manioc en tapioca, le cacao en poudre ou les plantains en chips, tu augmentes

ta marge de bénéfice. La valeur ajoutée est la sagesse du royaume. Jésus a transformé l'eau en vin, non pas pour impressionner, mais pour apporter une valeur ajoutée.

3. ***Principe n° 3 CONSERVE*** : la sagesse que Dieu a donnée à Joseph a sauvé toute une nation (Genèse 41:35-36). La conservation consiste à acheter en temps d'abondance à faible coût et de vendre en temps de pénurie pour un rendement plus élevé. Les sages ne gaspillent pas les opportunités ; ils stockent et se préparent pour la suite.

4. ***Principe n° 4 : EMBALLE*** : la présentation influence la perception. L'emballage attire les clients avant même que la qualité ne les convainque. Emballer les produits achetés en gros en unités de produit pour la vente en détail ou améliorer l'emballage peut multiplier les ventes. Même l'huile d'onction mentionnée dans les Écritures était placée dans un récipient. Dieu valorise l'ordre et la présentation.

5. ***Principe n° 5 : LE PARTENARIAT*** : deux valent mieux qu'un (Ecclésiaste 4:9-10). Les partenariats augmentent le capital, multiplient les idées et répartissent les risques. Lorsque les croyants collaborent avec intégrité, leurs capacités se développent.

Pendant l'année de famine, Isaac commença à produire de la nourriture en creusant des puits pour irriguer ses champs. Il prospéra grâce à sa sagesse et à son travail acharné.

Action du jour : *Choisis l'un des cinq principes et entreprends une action concrète cette semaine pour créer ou développer une petite entreprise.*

Prions

1. *Père, merci de me donner la force, les idées et les opportunités de travailler et de prospérer, au nom de Jésus.*
2. *Seigneur, donne à mes mains la force de produire, de créer et d'apporter de la valeur à tout ce que j'entreprends, au nom de Jésus.*
3. *Saint-Esprit, accorde-moi la sagesse de gérer mes ressources avec soin, de planifier l'avenir avec clairvoyance et de saisir chaque opportunité, au nom de Jésus.*
4. *Père, aide-moi à soigner la présentation de mes produits et mets-moi en relation avec les bons partenaires pour assurer ma croissance, au nom de Jésus.*
5. *Je décrète que le travail de mes mains prospérera et que chaque petit projet dans ma vie se transformera en abondance, au nom de Jésus.*

Jeudi 29 janvier   **CROISSANCE ACCÉLÉRÉE EN GRÂCE**

Lis : Luc 2:40-52

> **La Bible en 1 an :** Deut. 4-6
> **La Bible en 2 ans :** Gen. 49-50

« Et Jésus croissait en sagesse, en stature et en grâce, devant Dieu et devant des hommes. » (Luc 2:52)

La vie de Jésus offre le modèle par excellence du processus d'élargissement. Sa croissance se caractérisait par un accroissement de sa sagesse (une forme de direction divine) et, surtout, par la faveur de Dieu et celle des hommes.

La faveur est l'accélérateur surnaturel qui te permettra de passer rapidement et facilement du stade de possibilité au stade de réalité indéniable. La faveur ne s'obtient pas par mérite ; elle est la conséquence spirituelle de l'intimité et de l'alignement avec la volonté de Dieu. Lorsque nous accordons la priorité à passer du temps chaque jour avec Dieu, à obéir à ses instructions et à vivre dans l'intégrité, nous obtenons sa faveur, qui se traduit naturellement par la faveur des hommes.

Proverbes 3:3-4 nous donne le secret de la faveur: *« Que la bonté et la fidélité ne t'abandonnent jamais ; attache-les à ton cou, inscris-les sur les tablettes de ton cœur. Ainsi tu trouveras grâce et prospérité auprès de Dieu et des hommes. »* La clé réside en: (1) un amour indéfectible pour Dieu et pour les autres; (2) la fidélité en toutes choses; (3) une vie sincère et intègre. Certains se plaignent d'être rejetés partout où ils vont. Les choses changeront si vous appliquez ces trois secrets en toutes circonstances.

La faveur est l'approbation divine. Elle pousse les systèmes humains et les individus à concourir à ton bien, ouvrant des portes que l'opposition a essayé de fermer et fournissant des ressources que l'argent ne peut pas acheter. La faveur rend le complexe simple et le difficile facile. La faveur émeut les cœurs pour te venir en aide.

Alors que nous concluons ce mois de dévouement, nous devons comprendre que la faveur de Dieu scelle la direction divine et l'impartition que tu as reçue. La direction que Dieu t'a donnée te mènera à des personnes et à des endroits où la faveur t'attend déjà. C'est la marque distinctive ultime de la vie chrétienne.

Rejette la mentalité d'efforts ; embrasse la réalité de la grâce. En marchant dans la sagesse et l'obéissance acquises dans la communion, tu te positionnes pour recevoir la faveur incessante qui accélère ton élargissement au-delà de la capacité de tes efforts naturels.

Action du jour : *Déclare ceci tout au long de la journée : « Je suis un enfant de grâce. Je profiterai de la faveur devant Dieu et devant les hommes partout où j'irai cette année, au nom de Jésus. »*

Prions

1. *Père, je te remercie parce que je suis hautement favorisé, à la fois par toi et par les hommes, au nom de Jésus.*
2. *Saint-Esprit, fais descendre sur moi la faveur surnaturelle qui ôtera tout obstacle et ouvrira toutes les portes nécessaires à mon élargissement, au nom de Jésus.*
3. *Je déclare qu'en marchant dans ta direction divine, la faveur me*

distinguera sur la place du marché et dans le Royaume, au nom de Jésus.
4. *Seigneur, que la faveur apporte les bonnes connexions et les bonnes ressources pour m'aider à allonger les cordages de ma tente sans effort, au nom de Jésus !*
5. *Je reçois la puissance accélérée de la faveur de Dieu pour occuper rapidement mon vaste territoire en 2026, au nom de Jésus.*

Vendredi 30 janvier BÉNÉFICIER DE L'IMMUNITÉ SPIRITUELLE

Lis : Ésaïe 54:11-17

La Bible en 1 an : Deut. 7-9
La Bible en 2 ans : Matt. 1-2

« Toute arme forgée contre toi sera sans effet ; et toute langue qui s'élèvera contre toi, tu la condamneras. Tel est l'héritage des serviteurs de l'Éternel, tel est le salut qui viendra de moi, dit l'Éternel » (Ésaïe 54:17)

Aujourd'hui, nous nous appuyons sur la promesse ultime et glorieuse du mandat d'élargissement. Après avoir passé le mois à rechercher la direction divine par la communion avec Dieu, nous sommes maintenant prêts à recevoir l'assurance ultime : l'IMMUNITÉ SPIRITUELLE. La vision de Dieu pour notre territoire élargi (Ésaïe 54:2) est inébranlable ; elle est fondée sur la justice et protégée par décret divin.

La promesse *« toute arme forgée contre toi sera sans effet »* (v. 17) n'est pas une déclaration universelle ; elle est l'héritage des serviteurs de l'ÉTERNEL ; des personnes qui marchent dans l'intégrité de l'alliance. Le passage précise que cette immunité est enracinée dans le salut (v. 14). Ce salut est un don de Dieu, *« tel est le salut qui viendra de moi » (v. 17)*, reçu par la foi et manifesté par notre obéissance à suivre la direction divine reçue durant ce mois de consécration.

Cette immunité couvre non seulement les attaques physiques ou matérielles, mais aussi les attaques verbales : *« toute langue qui s'élèvera contre toi, tu la condamneras »*. Ta recherche inlassable de la présence de Dieu t'a immunisé contre les ruses de l'ennemi. Au sortir de ce mois de fondement, sors avec la confiance que la puissance inébranlable du Dieu Tout-Puissant soutient le plan stratégique que tu suis. Marche dans la sainteté et la direction reçue, et aucune puissance sur terre ou sous terre ne pourra s'opposer à ton élargissement commandé par Dieu, au nom de Jésus.

Action du jour : *Relis Ésaïe 54:17. Prends cinq minutes pour faire le tour de ta maison ou de ton bureau en proclamant haut et fort ce verset sur ta famille, ta carrière et tes finances !*

Prions
1. *Père, je te remercie, car mon élargissement est protégé par la promesse ultime d'immunité, au nom de Jésus.*
2. *Saint-Esprit, affermis-moi dans la justice que tu m'as donnée, au nom de Jésus.*
3. *Je déclare que toute arme forgée contre moi sera sans effet et que toute parole négative prononcée est condamnée, au nom de Jésus.*
4. *Seigneur, que l'intimité que j'ai développée ce mois-ci se traduise par une sécurité et une paix totales dans ma vie, au nom de Jésus.*
5. *Je revendique mon héritage de serviteur du Seigneur, marchant sous ta direction et ta protection divine, au nom de Jésus.*

Samedi 31 janvier VALORISE LES RELATIONS D'ALLIANCE

Lis : Ecclésiaste 4:9-12

La Bible en 1 an : Deut. 10-12
La Bible en 2 ans : (Rattrapage)

« Et si quelqu'un est plus fort qu'un seul, les deux peuvent lui résister ; et la corde à trois fils ne se rompt pas facilement. » (Ecclésiaste 4:12)

La vision de l'élargissement dans Ésaïe 54 est fondamentalement un mandat communautaire ; la tente doit être agrandie pour accueillir une multitude de « descendants » (v. 3). Nous ne sommes pas appelés à poursuivre cette expansion massive dans l'isolement. Aujourd'hui, nous nous concentrons sur l'importance des relations d'alliance ; la communauté spirituelle solidaire qui nous aide à *élargir* et à *faire tenir ferme* nos pieux. Quelqu'un a dit : « Si tu veux aller vite, va seul. Mais si tu veux aller loin, va avec les autres. » Veux-tu aller loin cette année ? Tu dois valoriser et entretenir des relations saines.

L'une des principales stratégies de Satan est de « séparer puis frapper ». Je me demande souvent pourquoi Dieu envoie des personnes pour qu'on les libère et les restaure, pour ensuite les voir se couper de nous et disparaître soudainement. Malheureusement, lorsque nous les revoyons plus tard, elles sont de nouveau captives. Attache-toi aux personnes que Dieu a mises sur ton chemin pour t'aider.

Salomon reconnaissait la puissance spirituelle de

l'unité : « *Une corde à trois fils ne se rompt pas facilement* » *(v. 12)*. Cette corde à trois fils, c'est toi, ton partenaire d'alliance et le Seigneur Jésus-Christ qui vous a unis. La direction divine que tu as reçue dans l'intimité est un trésor, mais elle doit être protégée et soutenue par des partenaires spirituels de confiance, capables de te relever dans l'épreuve et de partager leur sagesse lorsque le chemin est semé d'embûches. Sans ce soutien, la pression liée à la faveur accélérée et au succès peut rapidement mener à l'isolement et à l'effondrement.

Nos temps de prière et de jeûne affermissent le fil central : notre intimité avec Dieu. Mais nous devons aussi investir intentionnellement dans les fils horizontaux de la communauté. C'est un acte concret d'obéissance au mandat d'élargissement. Partage ta vision, sois redevable et permets à d'autres d'intercéder pour ton projet. Ta capacité à occuper ton territoire élargi est directement liée à la force des alliances spirituelles que tu cultives.

Action du jour : *Identifie un ami d'alliance ou un leader spirituel qui partage ta vision d'élargissement. Contacte-le aujourd'hui et fais-lui part d'un défi précis auquel tu es confronté, en lui demandant de te soutenir et d'intercéder pour une percée !*

Prions
1. *Père, je te remercie pour la puissance et la protection que l'on trouve dans les relations d'alliance pieuses, au nom de Jésus.*
2. *Saint-Esprit, guide-moi vers des partenaires spirituels forts et solidaires qui partageront ma vision élargissement, au nom de Jésus.*
3. *Je déclare que tout isolement spirituel et toute solitude spirituelle*

qui font obstacle à ma percée sont brisés, au nom de Jésus.

4. *Seigneur, je m'engage à être un partenaire d'alliance loyal et encourageant, aidant à allonger les cordages des tentes des autres comme la mienne, au nom de Jésus.*

5. *Que la force de la corde à trois fils garantisse le succès et la stabilité de mon territoire étendu en 2026, au nom de Jésus.*

Dimanche 1ᵉʳ février **ENTRE DANS LE RÈGNE DE LA FOI**

Lis : Hébreux 11:1-6

> **La Bible en 1 an :** Néh. 1-3
> **La Bible en 2 ans :** Matt. 3-4

« Or la foi est une ferme assurance des choses qu'on espère, une démonstration de celles qu'on ne voit pas. » (Hébreux 11:1)

Bienvenue au mois de février ! En janvier, nous avons posé, avec succès, la fondation de la communion et la direction divine. Maintenant, nous voulons entrer dans une phase active ; celle de l'élargissement. Il s'agit ici de l'exécution stratégique de l'agenda que nous avons reçu par la foi. Ami, le pont entre la direction ou la vision que tu as reçue de Dieu et sa manifestation/son accomplissement, c'est la FOI. Hébreux 11:6 dit : *« Or sans la foi il est impossible de lui être agréable ; car il faut que celui qui s'approche de Dieu croie que Dieu existe, et qu'il est le rémunérateur de ceux qui le cherchent. »* En d'autres termes, sans la foi, tu ne peux rien recevoir de Dieu.

Lorsque dans Ésaïe 54:2, Dieu dit : *« élargis l'espace de ta tente ; qu'on déploie les couvertures de ta demeure, ne retiens pas ! allonge tes cordages… »*, il s'agit d'un appel à agir ; ceci requiert de la foi. La foi c'est la ferme assurance, l'élément clé qui transformera ton espérance en réalité. Ton plan, celui que tu as reçu dans le lieu secret, est « les choses qu'on espère » ; tu as désormais besoin de la ferme assurance d'un plan d'action stratégique pour le concrétiser.

La foi véritable ne peut être passive. Jacques dit : « *il en est ainsi de la foi : si elle n'a pas les œuvres, elle est morte en elle-même* » *(Jacques 2:17)*. Allonger les cordages requiert de l'effort, du courage et de la volonté pour rentrer dans l'inconnu. C'est un risque qu'il faut prendre.

Ce mois, tu dois sortir de ta zone de confort spirituel dans ton lieu de prière et agir suivant la direction divine que tu as reçue. Dans le Royaume, nous sommes appelés à être de ceux qui mettent en pratique les ordonnances divines et non de ceux qui se contentent de les écouter (Jacques 1:22). Tous les pionniers de la foi mentionnés dans l'Épître aux Hébreux ont agi suivant la révélation qu'ils avaient reçue. Noé a construit l'arche pour sauver des vies avant même de voir une goutte de pluie (Hébreux 11:7). Abraham a quitté son pays et s'en est allé vers la terre promise sans avoir reçu d'itinéraire (Hébreux 11:8). C'est ça la foi ! S'employer à agir selon la parole de Dieu même lorsque les circonstances ne sont pas favorables.

L'action stratégique que tu poseras ce mois-ci sera la preuve de ta confiance en Dieu, qui t'a parlé, et cela produira des résultats prodigieux.

Action du jour : *Écris ce que tu feras par la foi ce mois, porte-le en prière et commence immédiatement !*

Prions
1. *Père, merci pour la pose de la fondation réussie et pour cet agenda clair sur mon élargissement, au nom de Jésus.*
2. *Saint-Esprit, baptise-moi d'une foi qui déplace les montagnes pour exécuter la vision et allonger mes cordages de manière stratégique, au nom de Jésus.*

3. *Je déclare qu'en ce mois, ma foi sera la ferme assurance qui amène à l'existence les promesses de Dieu, au nom de Jésus.*
4. *Éternel, ôte tout obstacle spirituel et physique qui essaie de m'empêcher de faire ce pas de foi vers l'accomplissement de ma destinée, au nom de Jésus.*
5. *Aujourd'hui, je sors avec courage et conviction, j'entre en possession de mon territoire élargi grâce à l'action stratégique et la foi, au nom de Jésus.*

Lundi 2 février **LA FOI QUI OUVRE LA VOIE AU POSSIBLE**

Lis : Matthieu 9:18-22

La Bible en 1 an : Néh. 4-6
La Bible en 2 ans : Matt. 5

« Jésus se retourna et dit, en la voyant : Prends courage, ma fille, ta foi t'a guérie. Et cette femme fut guérie à l'heure même. » (Matthieu 9:22)

La foi qui ouvre la voie du possible est une foi active. La foi c'est plus que le fait de croire ; c'est une assurance qui émeut le cœur et la main de Dieu. La femme avec la perte de sang aurait pu continuer à vivre dans sa misère, mais au contraire, elle a cru que toucher le pan du vêtement de Jésus la guérirait. Jésus lui dit : *« Ma fille, ta foi t'a sauvée » (Luc 8:48)*. Sa foi n'était pas passive ; elle a agi. Elle a plongé dans la foule ; elle a atteint Jésus ; elle l'a touché ; et elle reçut son miracle à cet instant même. L'élargissement est toujours précédé du moment où la foi se traduit par des actions.

La foi qui ouvre les portes implique le risque. Plusieurs croyants prient avec ferveur, mais la peur et le doute les empêchent de sortir. Pierre a expérimenté le surnaturel lorsqu'il est sorti du bateau et s'est mis à marcher sur l'eau en direction de Jésus (Matthieu 14:29-31). Lorsqu'il a focalisé son attention sur la tempête parce qu'il avait peur ; il a commencé à couler. La foi véritable garde les yeux fixés sur Christ et sur les promesses de Dieu, et non sur les circonstances. *« Car nous marchons par la foi et non par la vue »* (2

Corinthiens 5:7). L'élargissement (spirituel, financier ou émotionnel) s'opère pendant que nous nous employons à sortir de nos zones de confort pour faire confiance à Dieu sur ce qui semble impossible.

Un frère qui était sérieusement endetté avait refusé de baisser les bras et avait plutôt choisi de croire en Dieu pour une percée et pour la provision. Chaque jour, il priait, s'armait de courage et allait rencontrer de potentiels clients. Dieu commença à agir, et au bout de quelques mois, ses affaires ont repris leur cours et son profit a doublé. Ceci est la preuve que Dieu honore les actes de foi. *« La foi sans les œuvres est morte » (Jacques 2:26)*.

Le mot grec *« pistis »* signifie « conviction, ferme assurance et confiance totale aux promesses de Dieu qui produisent une action appropriée ». La foi n'est jamais passive ; elle œuvre, elle se meut et elle ouvre les portes que la force humaine ne peut ouvrir. Si tu crois que Dieu peut le faire, avance et sors et tu verras sa puissance. Ton élargissement sera toujours fonction de la mesure de ta foi. Plus tu as confiance en lui, plus tu t'élargiras.

Action du jour : *Identifie un domaine de ta vie dans lequel tu dois exercer la foi et fais-le !*

Prions

1. *Père, merci pour le don de la foi et merci pour ta puissance qui transforme les impossibilités de ma vie en témoignages.*
2. *Père, aide-moi à croire pleinement à tes promesses, même lorsque les circonstances ne sont pas favorables.*
3. *Ô Seigneur, ôte toute semence de doute, de peur et d'incrédulité de mon cœur, au nom de Jésus.*

4. *Je reçois le courage pour agir selon la parole de Dieu, au nom de Jésus.*
5. *Prie pour la grâce de pouvoir faire le pas de foi que tu t'es fixé comme objectif.*

Prières prophétiques de la semaine
1. **« Nettoyez vos mains… purifiez vos cœurs » (Jacques 4:8).** *Mes mains et mon cœur resteront purs, au nom de Jésus.*
2. **« Et que la paix de Christ… règne » (Colossiens 3:15).** *Je jouis d'une paix divine extraordinaire cette année, au nom de Jésus.*
3. **« Il me dirige près des eaux paisibles » (Psaume 23:2).** *Cette année, je reçois une direction claire et précise pour obtenir la vitesse divine, au nom de Jésus.*

Mardi 3 février   **LA FOI QUI OUVRE DES PORTES**

Lis : Actes 16:6-10

La Bible en 1 an : Néh. 7-9
La Bible en 2 ans : Matt. 6-7

« Pendant la nuit, Paul eut une vision : un Macédonien lui apparut, et lui fit cette prière : Passe en Macédoine, secours-nous !» (Actes 16:9).

La foi élargit ta capacité à saisir de nouvelles opportunités. Le Saint-Esprit a empêché Paul et ses compagnons de prêcher dans certaines localités. Leur réaction n'a pas été la résistance ni la frustration, mais l'obéissance et la confiance. Et toi, fais-tu toujours confiance à Dieu lorsque toutes les portes te sont fermées ?

Notre texte de lecture nous apprend que lorsque Paul a obéi à l'Esprit, une vision les a conduits en Macédoine, un nouveau territoire de bénédiction pour leur ministère (Actes 16.10). L'expansion survient souvent lorsque la foi s'aligne sur la direction de Dieu. Ainsi, au lieu de te laisser abattre par les déceptions et les échecs actuels, tourne-toi vers Dieu afin qu'il te révèle les portes d'opportunités qu'il t'offre.

Mon ami, la foi exige d'être attentif à la volonté de Dieu. Jésus a dit à ses disciples : *« La moisson est grande, mais il y a peu d'ouvriers. Priez donc le maître de la moisson d'envoyer des ouvriers dans sa moisson. » (Matthieu 9, 37-38).* La foi ouvre des portes pour le service lorsque tu pries, écoutes et agis. Elle transforme les chemins fermés en rendez-vous divins. Lorsque Dieu nous a appelés à nous installer à Yaoundé, nous n'avions pas les moyens financiers d'accomplir la mission qu'il nous avait confiée. Des opportunités se sont présentées lorsque nous avons agi par la foi.

Prenons l'exemple de Joseph, qui a gardé foi dans les promesses de Dieu même en tant qu'esclave et prisonnier (Genèse 39:2-3, 23). Sa foi lui a ouvert des portes et lui a permis d'exercer une influence considérable chez Potiphar et en Égypte. De même, la foi d'Esther a permis de sauver une nation (Esther 4:14-16). La foi nous place toujours là où Dieu peut multiplier notre vie. Aie confiance en Dieu et sois prêt à agir pour accomplir sa volonté.

Le mot « foi » vient du grec *« pistis »*, qui évoque la confiance, l'assurance et une attente confiante. La foi active la direction divine et les ouvertures surnaturelles. Sans la foi, les portes restent fermées ; avec la foi, Dieu nous conduit vers l'expansion.

Mon ami, une bénédiction encore plus grande t'attend derrière une porte que seule la foi peut ouvrir. Franchis-la aujourd'hui avec foi !

Action du jour : *Identifie un domaine dans lequel Dieu t'interpelle et fait le premier pas d'obéissance par la foi.*

Prions
1. *Merci, Seigneur, d'avoir ouvert des portes d'opportunité dans ma vie par la foi, au nom de Jésus.*
2. *Seigneur, donne-moi la sensibilité à la direction de ton Esprit, au nom de Jésus.*
3. *Père, délivre mon âme de l'hésitation et de la peur qui m'empêchent de saisir de nouvelles opportunités, au nom de Jésus.*
4. *Père, aide-moi à faire confiance à ton timing et à suivre ta direction sans tarder, au nom de Jésus.*

5. *Seigneur, augmente ma capacité à saisir les opportunités et à accomplir les missions que Dieu a ordonnées, au nom de Jésus.*

Mercredi 4 février **DEMANDE UNE STRATÉGIE À DIEU**

Lis : 1 Samuel 16:1-5

La Bible en 1 an : Néh. 10-13
La Bible en 2 ans : Matt. 8-9

« Si quelqu'un d'entre vous manque de sagesse, qu'il l'a demande à Dieu, qui donne à tous simplement et sans reproche, et elle lui sera donnée. » (Jacques 1:5).

Chaque mission divine exige une stratégie divine. Samuel fut envoyé pour oindre David comme roi, mais cette mission comportait de grands risques. Si Saül la découvrait, la vie de Samuel serait en danger. Un prophète moins expérimenté aurait pu se précipiter imprudemment ou reculer par peur, mais Samuel fit ce qu'il fallait : il demanda à Dieu comment procéder. Dieu lui révéla une stratégie judicieuse : se cacher derrière un sacrifice. Ainsi, la mission fut accomplie sans que Samuel ne soit exposé à une mort prématurée.

Ce récit biblique nous montre que le Saint-Esprit ne se contente pas de donner la révélation (parole de connaissance) mais aussi l'instruction (parole de sagesse). La révélation nous annonce *l'*avenir ; la sagesse nous indique *la voie* à suivre. Nombreux sont les croyants qui reçoivent une vision, mais qui échouent faute de stratégie. Jésus a dit que l'Esprit *« vous enseignera toutes choses » (Jean 14:26)* et *« vous montrera les choses à venir » (Jean 16:13)*. Le rôle du Saint-Esprit n'est pas seulement de RÉVÉLER, mais aussi de GUIDER.

Prenons l'exemple de Josué à Jéricho. Dieu ne s'est pas contenté de promettre la victoire, il a donné une stratégie : faire le tour de la ville pendant sept jours, puis crier sa joie (Josué 6.2-5). La victoire a suivi, car la stratégie a été respectée. De même, Jésus a enseigné à Pierre à jeter son filet du côté droit de la barque pour une pêche miraculeuse (Jean 21.6). Quelle précision !

Une femme d'affaires a connu une véritable révélation lors d'une crise financière : après avoir prié, elle a reçu la sagesse divine. Dieu lui a révélé une stratégie précise pour restructurer son entreprise. En la suivant, elle a non seulement surmonté la situation, mais elle a également prospéré.

Es-tu confronté à des risques, à de l'opposition ou à une mission difficile ? Ne te fie pas uniquement à la sagesse humaine. Demande à Dieu sa stratégie. Une stratégie divine garantit des résultats divins.

Action du jour : *Jeûne au moins un jour cette semaine et demande à Dieu une stratégie pour changer cette situation !*

Prions

1. *Père, merci d'être le Dieu qui donne des stratégies sages pour chaque tâche, au nom de Jésus.*
2. *Seigneur, donne-moi des oreilles pour entendre tes instructions et l'humilité de les suivre, au nom de Jésus.*
3. *Père, accorde-moi la sagesse de gérer les situations risquées sans crainte, au nom de Jésus.*
4. *Cher Saint-Esprit, aide-moi à harmoniser la parole de connaissance avec la parole de sagesse dans ma vie, au nom de Jésus.*
5. *Que tous les plans de l'ennemi contre ma mission soient déjoués par la stratégie divine, au nom de Jésus.*

6. *Je déclare : je ne faillirai pas, car la sagesse de Dieu est ma stratégie pour la victoire, au nom de Jésus.*

Jeudi 5 février **QU'EST-CE QUI TE MOTIVE ?**

Lis : Hébreux 10:32-39

La Bible en 1 an : Est. 1-4
La Bible en 2 ans : Matt. 10

« Et mon juste vivra par la foi ; mais, s'il se retire, mon âme ne prend pas plaisir en lui. » (Hébreux 10:38).

Chacun est animé par une force intérieure, et ce qui te motive déterminera ta destination. Ce n'est pas seulement ta situation actuelle qui compte, mais ce qui te pousse à aller de l'avant. La force qui t'anime détermine le cours de ta vie : ta joie, ta paix, ta réussite, et même tes échecs.

Deux forces puissantes animent les êtres humains dans la vie : la FOI et la PEUR. La peur prend racine dans l'incertitude. Elle murmure : « L'avenir est incertain. Rien ne se passera bien pour toi. » La peur est la conviction que les choses ne se dérouleront pas comme on l'espère, et elle paralyse souvent l'esprit d'inquiétude. Elle nous pousse à douter de nos capacités, de notre valeur et des promesses divines. La peur engendre l'inaction, l'immobilisme et le repli sur soi. Elle découle de l'ignorance, de la croyance aux mensonges et de la confiance accordée à ses propres forces plutôt qu'à la puissance de Dieu.

En revanche, la FOI est une force puissante qui croit en la sécurité de l'avenir grâce à la fidélité de Dieu. La foi affirme : « Même si je ne vois pas tout, je sais que mon avenir est assuré, car Dieu est avec moi. » La foi déclare : « Je réussirai, non par ma propre force, mais parce que Jésus-

Christ marche à mes côtés. » La foi dit : « Tout ira bien pour moi, car le Créateur de l'univers est à mes côtés. »

La foi naît de la révélation, de la perception que Dieu a des choses. Elle s'enracine dans la compréhension de sa parole et dans la pleine conviction de ses promesses. Elle exige des actes, de l'obéissance et un cœur résolu à faire confiance à Dieu, même lorsque nous ignorons où il nous conduit.

Abraham comprenait la force de la foi. Dans Hébreux 11:8, il est dit : *« C'est par la foi qu'Abraham, lors de sa vocation, obéit et partit pour un lieu qu'il devait recevoir en héritage, et qu'il partit sans savoir où il allait. »* Abraham avait confiance dans le plan de Dieu pour lui, même lorsque l'avenir semblait incertain. Sa foi fut la force qui le poussa à l'obéissance.

Action du jour : *Identifie une pensée négative qui fait obstacle à ta foi. Commence à la déraciner grâce à la parole de Dieu.*

Prions
1. *Père, merci, car ta parole ne peut pas faillir dans ma vie, au nom de Jésus.*
2. *Père, fortifie-moi spirituellement afin que je me concentre sur ce que tu fais dans ma vie, et non sur ce que Satan fait, au nom de Jésus.*
3. *Feu de Dieu, brûle dans mon âme et anéantis toute voix qui contredit la voix de Dieu, au nom de Jésus.*
4. *Père, tu as prévu pour moi un avenir glorieux en Christ ; je ne m'arrêterai pas en chemin, au nom de Jésus.*
5. *Père, plusieurs croyants sont persécutés dans le monde entier ; fortifie leur amour et leur foi en Christ.*

Vendredi 6 février **LE DIEU QUI DÉFEND TA PORTION**

Lis : Proverbes 23:10-11

> **La Bible en 1 an :** Est. 5-7
> **La Bible en 2 ans :** Matt. 11; 12:1-23

« Car leur vengeur est puissant : Il défendra leur cause contre toi. » (Proverbes 23:11).

Il y a des moments dans la vie où l'on a l'impression que quelque chose cherche à nous chasser de la place que Dieu nous a donnée. Parfois, ce sont les gens. Parfois, ce sont les circonstances. Parfois, c'est la peur qui murmure que l'on va perdre ce que Dieu a promis.

Dans l'Israël antique, des bornes marquaient l'héritage que Dieu avait attribué à chaque famille. Déplacer une borne revenait à s'emparer de son destin, de son identité et de ses ressources. Mais Dieu, dans le passage d'aujourd'hui, a proclamé une vérité puissante : il défend lui-même les bornes de son peuple.

Notre verset clé dit : *« Leur Rédempteur est puissant. »* Celui qui a racheté ta vie par le sang de Jésus n'est pas passif. Cette année, il interviendra dans les combats que tu ne peux mener. Il défendra toute cause que tu ne peux régler. Il protégera le territoire que tu ne peux défendre par tes propres forces.

Aujourd'hui, tu as peut-être l'impression que quelque chose tente de te menacer — ta paix, ta vocation, tes opportunités, ta famille, ton progrès. Tu ressens peut-être de la résistance, du sabotage ou de l'intimidation. Mais l'écriture te rappelle : SI DIEU T'A DONNÉ UNE PORTION, PERSONNE NE PEUT TE LA PRENDRE. Dieu ne se contente pas de donner ; il garde. Il ne se contente pas de promettre ; il protège.

Quand les mots te manquent, il devient ton avocat. Quand la force t'abandonne, il devient ton défenseur. Quand la clarté t'échappe, il devient ton Juge qui statue en ta faveur. Ton héritage n'est pas fragile. Il n'est pas à la merci des hommes. Il n'est pas vulnérable à la manipulation. Il est entre les mains de ton puissant Rédempteur.

Aujourd'hui, tient bon face à cette vérité : ce que Dieu t'a confié ne peut être ni enlevé, ni déplacé, ni volé. Ton Rédempteur est fort et il combat pour toi.

Action du jour : *Exprime aujourd'hui à haute voix ce que Dieu t'a donné — ta paix, ta vocation, ta famille, ta raison d'être — et déclare que tes limites sont sécurisées en Christ.*

Prions
1. *Seigneur, je te remercie d'être mon puissant Rédempteur et mon fidèle Défenseur, au nom de Jésus.*
2. *Père, protège tous les aspects de ma vie où je me sens sous pression ou menacé, au nom de Jésus.*
3. *Seigneur, restitue-moi, au nom de Jésus, toute portion de mon héritage qui a été volée ou affaiblie.*
4. *Rédempteur de mon âme, prends ma cause en main et livre tous les combats qui dépassent mes forces, au nom de Jésus.*
5. *Je décrète que mes bornes divines, mes bénédictions et ma destinée ne seront ni déplacées, ni volées, ni altérées, au nom de Jésus.*

Samedi 7 février   **COURS VERS LA VILLE DE REFUGE**

Lis : Nombres 35:9-15

> **La Bible en 1 an :** Est. 8-10
> **La Bible en 2 ans :** Matt. 12:24-50; 13:1-23

« Le nom de l'Éternel est une tour forte ; Le juste s'y réfugie, et se trouve en sûreté.» (Proverbes 18:10).

Dans l'Ancien Testament, Dieu a ordonné à Israël d'établir des villes de refuge, des lieux sûrs pour ceux qui avaient commis un homicide involontaire. Ces villes n'étaient pas destinées aux coupables, mais à ceux qui avaient besoin d'être protégés des représailles pendant que justice était rendue. Le principe est clair : face au danger, à l'accusation ou à la pression, Dieu offre un lieu sûr où se conjuguent sa justice et sa miséricorde.

Spirituellement, la ville de refuge représente Christ. Face aux épreuves, aux attaques ou aux fausses accusations de la vie, tu es appelé à te tourner vers Jésus, le sanctuaire suprême. De même que les Israélites se réfugiaient dans ces villes pour échapper au vengeur du sang, tu peux te tourner vers Dieu dans la prière, l'obéissance et la foi pour obtenir la protection, la direction et la délivrance.

L'histoire d'aujourd'hui nous enseigne plusieurs leçons :

1. ***Reconnaître le danger au plus tôt*** — Tout comme les Israélites ont dû fuir immédiatement, tu dois identifier les dangers spirituels, émotionnels ou relationnels avant qu'ils ne te détruisent.

2. ***Agis vite*** — Tout retard peut être fatal. Se tourner immédiatement vers Dieu permet d'éviter la panique, le désespoir et la défaite spirituelle.
3. ***Demeure dans l'espace de refuge*** — Une fois sous la protection de Dieu, demeure dans sa parole, sa présence et sa paix jusqu'à ce que la menace soit passée. Ne retourne pas prématurément au danger ni ne fais de compromis.
4. ***Aie confiance en la justice divine*** — La ville de refuge protégeait les innocents tandis que les coupables étaient jugés. Aie confiance : le temps et le jugement de Dieu sont parfaits. Il défendra les innocents et châtiera les méchants en son temps.

Action du jour : *Fais-tu face à des attaques, des accusations ou une pression insoutenable ? Tourne-toi vers Jésus sans plus attendre !*

Prions
1. *Seigneur, je te remercie d'être ma ville de refuge et mon abri dans chaque épreuve.*
2. *Père, aide-moi à reconnaître le danger au plus tôt et à me réfugier immédiatement sous ta protection.*
3. *Ô Seigneur, aide-moi à demeurer en ta présence jusqu'à ce que tu me délivres complètement.*
4. *Père, protège-moi des plans de l'ennemi et transforme chaque attaque en témoignage.*
5. *Je décrète qu'aucune accusation, attaque ou machination de l'ennemi ne m'atteindra, car je demeure sous le refuge du Tout-Puissant.*

Dimanche 8 février   **JÉSUS-CHRIST, TON ÉPOUX**

Lis : Esaïe 54:4-11

> **La Bible en 1 an :** Dan. 1-3
> **La Bible en 2 ans :** Matt. 13:24-58; 14

« Car ton créateur est ton époux : L'Éternel des armées est son nom ; Et ton rédempteur est le Saint d'Israël : Il se nomme Dieu de toute la terre » (Ésaïe 54:5).

Quand Ésaïe appelle Dieu ton « Époux », il utilise des mots destinés à apaiser ton cœur dans les moments où tu te sens oublié ou accablé. Dans l'Israël antique, un époux n'était pas seulement un partenaire romantique ; il était protecteur, pourvoyeur, défenseur et fidèle à son alliance. Dire que *« ton créateur est ton époux »* signifie que celui qui a conçu chaque détail de ta vie est aussi celui qui s'engage envers toi d'une fidélité indéfectible.

Ésaïe 54:5-10 brosse le portrait d'un Dieu qui peut permettre des moments d'éloignement, mais seulement pour mieux nous rassembler autour de lui avec une compassion plus grande. Sa colère passagère est engloutie par une bonté éternelle. Son alliance de paix est plus inébranlable que les montagnes antiques.

Une femme a raconté comment elle avait traversé une période douloureuse de trahison et de solitude. Elle s'accrochait à ce passage, murmurant chaque jour : « Seigneur, si tu es vraiment mon époux, soutiens-moi là où les autres m'abandonnent. » Jour après jour, elle a reçu un soutien, une force et un réconfort inattendus. Plus tard, elle a témoigné : « Quand tous les autres m'ont abandonnée,

Jésus m'a montré qu'il n'était pas un symbole ; il était réel. Il m'a portée comme un époux fidèle. » Ce récit reflète le message d'Ésaïe 54 : Dieu ne t'aime pas vaguement ; il t'aime personnellement et d'un amour indéfectible.

En hébreu, on désigne le « Créateur » par « Asah », qui signifie « Celui qui façonne avec habileté ». « Époux » se dit *« Ba'al » en hébreu,* ce qui signifie « Maître, protecteur, partenaire d'alliance ». « Rédempteur » se dit *« Go'el » en hébreu,* ce qui signifie « Le défenseur de la famille qui sauve au péril de sa vie ». Ce ne sont pas de simples étiquettes poétiques ; elles décrivent clairement la relation profonde que nous entretenons avec Dieu. Bien-aimé, Jésus-Christ est tout cela pour toi. Tu n'es pas abandonné. Tu n'es pas seul. Tu es protégé par l'amour de l'alliance.

Action du jour : *parle aujourd'hui à Jésus comme à ton époux. Dis-lui où tu as besoin de son réconfort, de sa force et de sa fidélité à son alliance !*

Prions
1. *Seigneur, merci d'être mon époux fidèle et mon rédempteur, au nom de Jésus.*
2. *Seigneur, guéris dans mon cœur tous les endroits où je me suis senti abandonné ou oublié, au nom de Jésus.*
3. *Père, que ta bonté éternelle me soutienne dans chaque secousse, au nom de Jésus.*
4. *Seigneur, révèle-toi à moi chaque jour comme protecteur, pourvoyeur et gardien de l'alliance, au nom de Jésus.*
5. *Je décrète que ton alliance de paix demeurera inébranlable dans ma vie pour toujours, au nom de Jésus.*

Lundi 9 février **LA SAGESSE DIVINE POUR LA CROISSANCE DE TON ENTREPRISE**

Lis : Proverbes 24:3-7

> **La Bible en 1 an :** Dan. 4-6
> **La Bible en 2 ans :** Matt. 15-16

« C'est par la sagesse qu'une maison s'élève »
(Proverbes 24:3).

Toute entreprise, grande ou petite, a besoin de bien plus que du capital. Elle a besoin de sagesse, d'intelligence et de connaissance. Beaucoup de personnes dans nos communautés lancent une activité par nécessité, sans prendre le temps de rechercher la sagesse de Dieu ou d'apprendre les principes simples qui garantissent le succès. Pourtant, la Bible enseigne que la sagesse est le fondement de toute structure stable (Proverbes 4:7).

Une entreprise bâtie sur des suppositions finira toujours par avoir de la difficulté à se stabiliser, tandis qu'une entreprise fondée sur la sagesse divine et des principes financiers solides saura résister aux épreuves et croître. D'après une étude menée aux États-Unis : *21,5 % des entreprises privées ferment dès leur première année. Environ 48 à 50 % ferment dans les cinq premières années. Et après dix ans, 65 % ont cessé d'exister — seules 35 % survivent jusqu'à la dixième année.*

La sagesse t'aide à choisir le bon emplacement, à comprendre tes clients, à fixer correctement tes prix et à gérer efficacement tes finances. L'intelligence te permet de discerner les raisons de la baisse ou de la hausse de tes ventes.

La connaissance t'aide à améliorer ton produit et à mieux servir les gens.

Dieu n'est pas contre le business. Au contraire, il se réjouit de voir ses enfants progresser (Psaume 35:27). Jésus lui-même a enseigné davantage de paraboles sur la gestion, l'argent et la diligence que sur presque tous les autres sujets. Il veut que tes mains soient productives. Mais il attend aussi de toi que tu travailles avec discipline, honnêteté et excellence.

Lorsque tu combines prière et actions concrètes, Dieu bénit le travail de tes mains. Il multiplie le peu que tu as et ouvre des portes que personne ne peut fermer. Alors, demande-lui chaque jour la sagesse pour prendre les bonnes décisions. Demande-lui l'intelligence pour comprendre tes clients. Demande-lui la connaissance pour faire évoluer ton activité.

Et à mesure que tu appliques des principes fondés sur la Parole, tu verras ton petit commerce devenir une source stable de bénédictions.

Action du jour : *Demande à Dieu de te donner la sagesse aujourd'hui et écris une action concrète que tu vas poser pour améliorer ton activité !*

Prions
1. *Seigneur, donne-moi la sagesse pour bien gérer mon entreprise.*
2. *Père, conduis-moi dans mes prises de décisions chaque jour.*
3. *Seigneur, enseigne-moi comment servir mes clients avec excellence.*
4. *Père, bénis le travail de mes mains et élargis mes opportunités.*
5. *Éternel, protège mon activité contre les pertes, les mauvaises décisions et le découragement.*

Prières prophétiques de la semaine

1. *« Garde-toi pur. » (1 Timothée 5:22)* — Rien ne souillera mon vêtement spirituel, au nom de Jésus.
2. *« Tu déborderas à droite et à gauche. » (Ésaïe 54:3)* — Mon expansion ce mois-ci est inarrêtable, au nom de Jésus.
3. *« Écris la vision… » (Habacuc 2:2)* — Rien ne volera la vision que Dieu m'a confiée cette année, au nom de Jésus.

Mardi 10 février

SOIS LE CHANGEMENT QUE TU VEUX VOIR

Lis : Matthieu 5:13-16 ; Philippiens 2:14-16

La Bible en 1 an : Dan. 7-9
La Bible en 2 ans : Matt. 17-18

« Montre-toi en tout un modèle de bonnes œuvres » (Tite 2:7).

Tout le monde, même les croyants, rêve d'une nation meilleure — une nation marquée par la justice, la paix, l'honnêteté et l'amour. Mais le changement ne commence pas uniquement avec les gouvernements, les systèmes ou les politiques ; il commence avec les individus. Tu peux faire une différence dans ta nation en devenant la personne même que tu aimerais voir autour de toi, là où tu vis ou sers.

Dans Matthieu 5:13-16, Jésus nous appelle le sel de la terre et la lumière du monde. Le sel conserve ; la lumière éclaire et guide. Ces qualités ne se proclament pas seulement avec des mots, elles se manifestent dans les actions quotidiennes. Le mot grec traduit par « modèle » dans Tite 2:7 est « *typos* », ce qui signifie « un exemple à imiter ». Avant de pouvoir inspirer une transformation chez les autres, nous devons d'abord l'incarner nous-mêmes.

Si tu souhaites plus d'honnêteté dans ta nation, commence par refuser de tricher, même dans les petites choses. Si tu désires plus d'unité, sois celui ou celle qui refuse de propager les ragots ou de diviser. De la même manière qu'une seule bougie peut en allumer beaucoup d'autres, ton intégrité personnelle et ta piété peuvent inspirer un changement autour de toi.

Philippiens 2:14-16 nous encourage à « briller comme des flambeaux » dans une génération perverse. Les étoiles ne luttent pas contre l'obscurité ; elles brillent, et les ténèbres ne peuvent les éteindre. De même, tu ne pourras peut-être pas changer tout le monde, mais tu peux vivre d'une manière telle que ta vie devienne une invitation vivante à suivre Christ.

Un changement durable au niveau national est le fruit d'une transformation personnelle multipliée à grande échelle. Si chaque croyant décidait de vivre la vie semblable à celle du Christ qu'il aimerait voir chez les autres, un réveil traverserait les nations.

Alors que tu sors aujourd'hui, *« que [ta] lumière luise ainsi devant les hommes, afin qu'ils voient [tes] bonnes œuvres, et glorifient [ton] Père qui est dans les cieux »* (Matthieu 5:16).

Action du jour : *Pose aujourd'hui dans ta maison ou dans ton lieu de travail un acte concret qui manifestera l'amour de Christ envers quelqu'un.*

Prions
1. *Père, merci de m'avoir appelé à être le sel et la lumière de cette génération, au nom de Jésus.*
2. *Père, transforme mon caractère afin qu'il reflète Christ dans tout ce que je fais, au nom de Jésus.*
3. *Père, aide-moi à incarner les vertus que je veux voir dans ma nation, au nom de Jésus.*
4. *Père, que ma vie inspire les autres à marcher dans la justice et à bâtir la nation, au nom de Jésus.*

5. *Père, répands ton Esprit sur l'Église et fais de chaque chrétien de cette nation un agent de changement, au nom de Jésus.*

Mercredi 11 février   **UN CITOYEN BÉNI**

Lis : Éphésiens 2:19-22

> **La Bible en 1 an :** Dan. 10-12
> **La Bible en 2 ans :** Matt. 19-20

« *Ainsi donc, vous n'êtes plus des étrangers, ni des gens du dehors ; mais vous êtes concitoyens des saints, gens de la maison de Dieu* » *(Éphésiens 2:19).*

Savais-tu que la citoyenneté est un privilège extraordinaire ? Mes frères, qui sont citoyens américains, peuvent voyager dans plus de 150 pays sans avoir à se soucier des visas, tandis que moi, je dois souvent faire la queue devant les ambassades, remplir d'interminables formulaires et attendre l'approbation. Leur nationalité leur donne accès à des droits, une protection et des opportunités que je ne peux pas avoir sans posséder la même citoyenneté. Elle leur offre un sentiment d'appartenance et une assurance, peu importe où ils vont.

De manière bien plus grande et glorieuse, l'apôtre Paul rappelle aux croyants que nous sommes devenus citoyens des cieux par Jésus-Christ. Cette citoyenneté divine est bien supérieure à toute nationalité terrestre. Elle nous donne accès à la présence de Dieu, au pardon des péchés et à tous les privilèges d'être fils et filles de son Royaume. Autrefois étrangers aux promesses de Dieu, nous sommes maintenant membres de sa maison — aimés, acceptés et envoyés pour le représenter sur la terre. Partout où nous allons, nous portons l'autorité et l'identité du ciel.

Un missionnaire qui servait dans une région en guerre fut un jour interrogé : « N'as-tu pas peur pour ta vie ? » Il sourit et répondit : « Ma véritable citoyenneté est dans le ciel ; ce passeport garantit ma sécurité éternelle. » Quelle perspective puissante ! Cet état d'esprit te libérera de la peur et t'ancrera dans la loyauté et la confiance envers le Royaume de Dieu plutôt que dans les systèmes de ce monde.

Cependant, chaque citoyenneté s'accompagne de responsabilités. En tant que citoyens des cieux, nous sommes appelés à vivre comme des ambassadeurs (2 Corinthiens 5:18-20), représentant fidèlement notre Roi par la sainteté, l'humilité, l'amour et l'unité. Nos vies devraient refléter le caractère de notre patrie céleste.

Charles Spurgeon a dit un jour : « Si le ciel est ta maison, vis comme si tu t'y dirigeais. » Que cette vérité guide aujourd'hui tes paroles, tes pensées et tes actions. Souviens-toi que tu n'es pas une personne ordinaire ; tu es un représentant du ciel sur la terre.

Déclaration : *Je suis citoyen du ciel, et je refléterai le Royaume de Dieu partout où j'irai.*

Prions

1. *Père, merci de m'avoir fait citoyen de ton Royaume céleste, au nom de Jésus.*
2. *Seigneur, rends-moi capable de te représenter fidèlement en toute chose, au nom de Jésus.*
3. *Père, aide-moi à marcher chaque jour dans les bénédictions et l'autorité de ma citoyenneté céleste, au nom de Jésus.*
4. *Père, apprends-moi à rechercher ton Royaume avant toute ambition terrestre, au nom de Jésus.*

5. *Père, unis tes enfants pour qu'ils étendent efficacement ton Royaume sur la terre, au nom de Jésus.*
6. *Père, donne-moi le courage de proclamer avec assurance mon identité céleste partout où je vais, au nom de Jésus.*

Jeudi 12 février **TIENS FERME DANS LA BATAILLE**

Lis : Néhémie 6:10-14

La Bible en 1 an : 1 Thess. 1-3
La Bible en 2 ans : Matt. 21

« Mais je répondis : Un homme comme moi prendrait-il la fuite ? Un homme comme moi entrerait-il dans le temple pour sauver sa vie ? Je n'entrerai pas ! »
(Néhémie 6:11)

Chaque fois que tu commences à accomplir une bonne œuvre pour Dieu — que ce soit dans le ministère, la famille ou la communauté — l'ennemi se lèvera avec des stratégies pour t'arrêter. Néhémie a fait face à une opposition constante pendant qu'il rebâtissait les murs de Jérusalem. Ses ennemis ont usé d'intimidation, de manipulation, de fausses prophéties et de menaces, mais il a refusé de se laisser ébranler. Il déclara : « Un homme comme moi prendrait-il la fuite ? … *entrerait-il dans le temple pour sauver sa vie ?* Je n'entrerai pas ! » (v.11). Il a tenu bon.

Le mot hébreu pour « tenir ferme » est *Amad*, qui signifie : « demeurer, persévérer, garder sa position ». Tenir ferme, c'est refuser de céder, même face à l'opposition.

L'objectif du diable reste le même : épuiser ton courage et discréditer ton appel. Il peut envoyer des messagers avec de mauvaises nouvelles pour voler ta joie, semer la peur pour paralyser tes progrès, ou encore susciter de faux prophètes pour influencer tes décisions. Comme Néhémie l'explique au verset 13 : *« Ils espéraient m'intimider et me pousser à pécher, afin de pouvoir m'accuser et me discréditer. »* Mais parce que Néhémie est resté ferme, leurs complots ont échoué et le travail a été accompli.

En Christ, nous sommes appelés à tenir ferme. Paul nous exhorte : « *Prenez toutes les armes de Dieu, afin de pouvoir résister dans le mauvais jour* » *(Éphésiens 6:13)*. Tenir ferme ne signifie pas rester passif ; cela veut dire refuser de céder à la peur, au compromis ou à la distraction. Comme Jésus qui a tenu ferme à Gethsémané et a triomphé à la croix, Dieu te fortifiera pour achever l'œuvre qu'il t'a confiée.

Dans une église, de fausses accusations furent portées contre un pasteur durant un projet de construction. Au lieu d'abandonner, il continua de prier et de travailler. Finalement, le projet fut achevé, et même ses accusateurs reconnurent la main de Dieu.

Peu importe les menaces ou les manipulations, Dieu t'appelle à tenir ferme. La victoire appartient à ceux qui refusent de fuir.

Action du jour : *Écris aujourd'hui ton engagement à tenir ferme face à ce que tu traverses.*

Prions
1. *Père, merci de me donner le courage et la force de tenir ferme, au nom de Jésus.*
2. *Père, délivre-moi de la peur, de l'intimidation et de la manipulation, au nom de Jésus.*
3. *Père, garde-moi des fausses voix et des prophéties négatives qui veulent me détourner, au nom de Jésus.*
4. *Seigneur, fortifie-moi pour que je reste concentré sur l'œuvre que tu m'as confiée, au nom de Jésus.*
5. *Père, lève-toi et fais échouer tout plan visant à me discréditer ou à me décourager, au nom de Jésus.*

6. *Je déclare : je tiendrai ferme, j'achèverai ma mission, et je triompherai de toute opposition, au nom de Jésus.*

Vendredi 13 février **PRIORISE L'ESSENTIEL**

Lis : Matthieu 6:25-34

> **La Bible en 1 an :** Jos. 1-3
> **La Bible en 2 ans :** Matt. 22

« Cherchez premièrement le royaume et la justice de Dieu ; et toutes ces choses vous seront données par-dessus. » (Matthieu 6:33)

Le succès d'une Action Stratégique ne repose pas seulement sur la diligence, mais sur la Priorisation — cette sagesse qui consiste à concentrer ton énergie sur les actions qui produisent les résultats les plus remarquables. Dans la lecture du jour, Jésus établit le fondement stratégique de la vie : chercher d'abord le Royaume. Ce principe doit être appliqué à ton plan d'agrandissement.

Quand tu exécutes l'ordre d'étendre les limites de ta tente (Ésaïe 54:2), tu ne peux pas te permettre de traiter toutes les tâches de la même manière. Si tu essaies de tout faire en même temps, tu te disperseras, tu t'épuiseras et tu perdras ton élan. L'Action Stratégique exige que tu identifies l'action la plus importante, celle qui aura l'impact stratégique le plus élevé — les 20 % d'effort qui produiront 80 % de ta percée — et que tu l'exécutes en premier.

La Direction Divine reçue en janvier est ton guide stratégique. Elle t'oriente vers les actions qui sont en alignement avec le but du Royaume pour ta vie. En donnant la priorité à ces tâches à fort impact, tu cherches essentiellement la justice de Dieu (sa manière d'agir) pour ton expansion. Cet effort ciblé garantit l'efficacité, prévient l'épuisement, et assure que « toutes ces choses » (la manifestation visible du territoire élargi) te seront ajoutées.

Action du jour : *Avant de commencer ta journée, passe en revue ta liste de tâches. Identifie dans la prière l'action prioritaire à réaliser aujourd'hui (le pilier stratégique) pour faire avancer ton plan d'agrandissement. Engage-toi à exécuter cette tâche avec diligence et discipline avant de passer à autre chose.*

Prions
1. *Père, je te remercie pour la sagesse du Royaume qui oriente mes priorités, au nom de Jésus.*
2. *Saint-Esprit, libère en moi l'esprit de discernement pour identifier les actions à plus fort impact dans mon plan, au nom de Jésus.*
3. *Je déclare que je chercherai premièrement ta volonté pour mon élargissement, et que toutes les ressources nécessaires me seront ajoutées, au nom de Jésus.*
4. *Seigneur, retire toute distraction et accorde-moi une concentration ciblée pour exécuter mon Action Stratégique avec efficacité, au nom de Jésus.*
5. *Je marcherai avec sagesse et dans une priorisation disciplinée, afin que mes plus grands efforts produisent mes plus grands résultats, au nom de Jésus.*

Samedi 14 février   **HONORE TON MARIAGE**

Lis : Hébreux 13:4-6

> **La Bible en 1 an :** Jos. 4-6
> **La Bible en 2 ans :** Matt. 23

« Que le mariage soit honoré de tous, et le lit conjugal exempt de souillure ; car Dieu jugera les impudiques et les adultères. » (Hébreux 13:4)

Le mariage est un don de Dieu, créé pour être honorable, doux, fécond et béni. Lorsque Dieu créa Adam et Ève, il déclara : *« Il n'est pas bon que l'homme soit seul »*, et il bénit leur union. Pourtant, tous les mariages ne reflètent pas l'honneur de Dieu. Certains sont marqués par la honte, la douleur, la frustration et les conflits.

Hébreux 13:4 révèle les deux piliers d'un mariage honorable : **HONORER L'ALLIANCE** et **GARDER LE LIT CONJUGAL PUR**. Avant d'explorer ces principes, il est important de reconnaître ce qui rend un mariage déshonorant : l'infidélité sexuelle, les abus, le manque de communication, l'irresponsabilité, le manque de respect et les interférences extérieures.

Comme une voiture neuve qu'on néglige d'entretenir, un mariage négligé spirituellement et pratiquement finit par se détériorer. Dieu nous appelle à prendre soin de notre mariage de façon intentionnelle.

5 règles pour rendre ton mariage honorable :
1. *Honore ton conjoint :* parle avec bonté, valorise ses forces et ne le ridiculise jamais en public.

2. ***Garde le lit conjugal pur :*** reste sexuellement fidèle, rejette l'adultère et la pornographie, et protège ton intimité de manière intentionnelle. Le mot grec pour « pur » est *hagnos*, qui signifie « moralement droit et sans souillure ». Dans le cadre du mariage, cela implique non seulement la fidélité physique, mais aussi la loyauté émotionnelle et spirituelle. Un mariage pur honore Dieu et protège l'union de la corruption.
3. ***Pratique une communication ouverte :*** partage chaque jour tes peurs, tes projets, tes finances et ta vie spirituelle.
4. ***Marche dans l'amour et le pardon :*** aucun conjoint n'est parfait. Pardonne rapidement et rejette toute amertume.
5. ***Implique Dieu :*** priez ensemble, méditez la Parole et invitez sa présence dans votre foyer.

Action du jour : *Que dois-tu arrêter ou commencer à faire pour que ton mariage réussisse ? Commence aujourd'hui.*

Prions
1. *Père, merci pour le don d'un conjoint, au nom de Jésus.*
2. *Seigneur, aide-moi à faire de mon mariage une relation honorable et remplie de tes bénédictions, au nom de Jésus.*
3. *Je brise tout esprit d'infidélité et d'impureté qui attaque mon mariage, au nom de Jésus.*
4. *Je détruis toute malédiction générationnelle ou tout schéma nuisible à mon foyer, au nom de Jésus.*
5. *Père de miséricorde, répands l'amour, la sagesse et l'entente entre moi et mon conjoint.*
6. *Prie pour les célibataires de ta famille afin qu'ils expérimentent la restauration de leur destinée matrimoniale.*

Dimanche 15 février **QU'EST-CE QUI TE RONGE DE L'INTÉRIEUR ?**

Lis : Psaume 32:1-5

La Bible en 1 an : Jos. 7-9
La Bible en 2 ans : Matt. 24

« Celui qui cache ses transgressions ne prospérera pas, mais celui qui les avoue et les délaisse obtient miséricorde. » (Proverbes 28:13)

Es-tu en train d'essayer de cacher un péché que tu as commis ? Dieu veut que tu le confesses pour recevoir le pardon et la liberté.

Le mot hébreu pour « confesser » est « *yadah* », qui signifie : « reconnaître, admettre ouvertement, jeter à terre ». Une véritable confession n'est pas juste une reconnaissance, mais un relâchement du fardeau en l'exposant devant Dieu.

Les secrets ont cette capacité de ronger une personne de l'intérieur. Un péché caché, un traumatisme non résolu ou des luttes inavouées agissent comme des termites : ils détruisent silencieusement les fondations.

David a appris cette vérité à ses dépens. Il a caché son péché avec Bath-Shéba jusqu'à ce que le prophète Nathan le confronte. Sa confession dans le Psaume 32 révèle le prix du silence : « Tant que je me suis tu, mes os se consumaient, je gémissais toute la journée » (v.3). Le silence a vidé ses forces, mais la confession a apporté la restauration.

Ce qui te ronge aujourd'hui n'est peut-être pas seulement la culpabilité, mais aussi une pauvreté relationnelle et spirituelle. Beaucoup sont entourés de centaines de contacts en ligne, mais n'ont pas un seul ami capable de leur dire la vérité. Salomon, fils de David, nous rappelle : « Les blessures d'un ami sincère prouvent sa fidélité, les baisers d'un ennemi sont trompeurs » (Proverbes 27:6). La vraie liberté passe souvent par l'exposition des secrets devant Dieu et des amis de confiance qui marchent dans la vérité.

L'histoire de David nous avertit : un secret non traité devient une source de destruction. Mais Christ a porté tes péchés au grand jour, à la croix (1 Pierre 2:24). Il t'invite à les confesser, non pour t'humilier, mais pour te guérir. Jacques 5:16 le confirme : *« Confessez donc vos péchés les uns aux autres, et priez les uns pour les autres, afin que vous soyez guéris. »* La guérison vient lorsque nous amenons les ténèbres à la lumière de Christ.

Un homme a un jour confessé son addiction à un partenaire de prière de confiance. Pendant des années, la honte l'avait isolé, mais dès l'instant où il s'est ouvert, il a trouvé responsabilité, liberté et renouvellement. Son secret a perdu son pouvoir le jour où il l'a exposé à la lumière de Dieu.

Qu'est-ce qui te ronge ? Ne le cache pas, confesse-le. Expose-le. La miséricorde de Christ est plus grande que ton secret.

Action du jour : *Confesse aujourd'hui à quelqu'un de confiance le secret qui te ronge de l'intérieur.*

Prions
1. *Père, merci pour la miséricorde et la liberté que je trouve en Christ, au nom de Jésus.*
2. *Seigneur, sonde mon cœur et expose tout ce qui, en secret, entrave ma marche avec toi, au nom de Jésus.*

3. *Père, donne-moi le courage de confesser et de relâcher tout fardeau caché, au nom de Jésus.*
4. *Père, entoure-moi d'amis pieux qui m'aiguisent, me défient et me reprennent avec amour, au nom de Jésus.*
5. *Père, délivre-moi du piège du secret et de l'isolement ; que la guérison se répande dans chaque domaine de ma vie, au nom de Jésus.*

Lundi 16 février **LA PAIX DANS LA TEMPÊTE**

Lis : Marc 4:35-41 ;
Philippiens 4:6-7

La Bible en 1 an : Jos. 10-12
La Bible en 2 ans : Matt. 25

« Il se réveilla, parla sévèrement au vent et ordonna au lac : Silence ! Tais-toi ! Le vent tomba, et il se fit un grand calme » (Marc 4:39 BDS).

Les tempêtes font partie intégrante de la vie. Elles se manifestent sous différentes formes : maladies, crises financières, ruptures amoureuses ou batailles spirituelles. Les disciples ont vécu une tempête lorsque les vagues ont menacé de faire chavirer leur bateau. La panique les avait envahis, mais Jésus dormait paisiblement, indifférent au tumulte. Quand ils se mirent à crier, il se leva et dit : « Silence ! Tais-toi ! » et la tempête cessa instantanément.

Le terme grec pour « silence » dans ce contexte est « Eirēnē », qui évoque le calme qui émane de l'ordre divin. Jésus n'a pas simplement apaisé la tempête ; il a rétabli l'ordre céleste dans la création. Son autorité a démontré que les tempêtes ne déterminent pas la destinée ; c'est sa Parole qui le fait.

Philippiens 4 :6-7 ajoute une autre dimension : *« Ne vous inquiétez de rien ; mais en toute chose faites connaître vos besoins à Dieu par des prières et des supplications, avec des actions de grâces. Et la paix de Dieu, qui surpasse toute intelligence, gardera vos cœurs et vos pensées en Jésus-Christ. »* Cette paix est un bouclier qui nous protège de la peur lorsque les tempêtes font rage.

Corrie Ten Boom, rescapée des camps de concentration nazis, a affirmé : « Il n'y a pas de gouffre si profond que l'amour de Dieu ne le soit encore plus. » Même en prison, elle exsudait une sérénité inébranlable parce que la présence de Christ gardait son cœur. Comme les disciples, elle a découvert que la tempête peut rugir autour de toi, mais Jésus peut apaiser celle qui est en toi.

Tu ne peux peut-être pas contrôler la tempête, mais tu peux choisir d'inviter Jésus dans ton bateau. Sa paix ne dépend pas des circonstances ; elle est surnaturelle. Les épreuves que tu endures actuellement servent à éprouver ta foi, mais elles révèlent aussi la puissance de Jésus. Lorsque Jésus est à tes côtés, les tempêtes deviennent des témoignages de son autorité.

La tempête que tu traverses en ce moment ne te détruira pas ; elle te repositionnera pour un niveau supérieur, au nom de Jésus.

Action du jour : Fais-tu face à une tempête ? *Demande à ton autorité spirituelle de déclarer la paix sur toi !*

Prions
1. *Père, tiens-toi dans chaque tempête de ma vie et déclare la paix, au nom de Jésus.*
2. *Père, garde mon cœur et mon esprit avec ta paix qui dépasse l'entendement humain, au nom de Jésus.*
3. *Saint-Esprit, apprends-moi à faire confiance à Dieu même lorsque les tempêtes font rage, au nom de Jésus.*
4. *Seigneur, que toute tempête autour de ma famille et de ma nation s'apaise maintenant, au nom de Jésus.*

5. *Prince de Paix, fais de moi un agent de paix dans les temps troubles, au nom de Jésus.*

Prières prophétiques de la Semaine
1. *« … Vois, je livre entre tes mains Jéricho et son roi… » (Josué 6 : 2) Je possède mes biens dans cette ville cette semaine, au nom de Jésus.*
2. *« … et ils reprirent vie, et ils se tinrent sur leurs pieds… » (Ézéchiel 37 : 10). Je parle de vie à chaque endroit sec de ma vie et de ma destinée, au nom de Jésus.*
3. *« Tes oreilles entendront derrière toi la voix… » (Ésaïe 30 :21) Je reçois la direction divine pendant que je sors aujourd'hui, au nom de Jésus.*

Mardi 17 février   **GARDE TA CONSCIENCE PURE**

Lis : 2 Corinthiens 6 :1-10

La Bible en 1 an : Jos. 13-15
La Bible en 2 ans : Matt. 26

« Pour que notre ministère soit sans reproche, nous évitons, en toute chose, de causer la chute de qui que ce soit. » (2 Corinthiens 6 : 3 BDS).

Une conscience pure est l'un des plus grands trésors que tu puisses posséder en tant que croyant. Dieu regarde au-delà de nos activités et examine les motivations qui les animent. Dans une époque qui vénère la réussite, la rapidité et les résultats, il est important de se rappeler que ce qui est vraiment important pour Dieu, c'est l'état de notre cœur.

Il est possible d'accomplir des actes remarquables et pourtant de ne pas obtenir l'approbation divine si les raisons qui les inspirent sont corrompues. Le royaume céleste accorde une valeur infiniment plus grande à la pureté qu'au succès extérieur. Paul l'a véritablement compris. Il désirait non seulement éviter le péché, mais aussi vivre de telle manière que rien, intentionnel ou non, ne discréditerait le nom de Christ. Sa vie et son ministère découlaient d'une pureté intérieure qui régissait ses actions, ses relations et ses décisions.

Dans ses écrits, Paul souligne à plusieurs reprises l'importance d'une bonne conscience. Il a dit : *« C'est pourquoi je m'efforce d'avoir constamment une conscience sans reproche devant Dieu et devant les hommes. » (Actes 24 : 16).* Il a reconnu que, même si sa conscience était pure, le jugement final appartenait à Dieu *(1 Corinthiens 4 : 4)*. Il a enseigné que l'amour véritable naît *« d'un cœur pur, d'une bonne conscience et d'une foi sincère » (1 Timothée 1 : 5)*. Il a exhorté les croyants à s'accrocher fermement à la foi et à une bonne conscience (1 Timothée 1 : 19). Il a témoigné qu'il servait Dieu *« … avec une conscience pure… » (2 Timothée 1 : 3)*.

Les Écritures nous mettent également en garde contre le fait de faire taire la voix de la conscience par des compromis répétés (1 Timothée 4 :2) et nous appellent à échapper à la corruption morale du monde grâce à la puissance divine de Dieu (2 Pierre 1 :3-4). Dans la vie de tous les jours, les pressions peuvent nous pousser à faire semblant, à prendre des raccourcis, à l'exagération et à la malhonnêteté. Mais Dieu nous invite, nous ses enfants, à emprunter le chemin étroit de la sincérité et de la sainteté.

Une conscience claire apporte la paix, la liberté et la confiance devant Dieu. Une conscience troublée draine les forces et vole la joie. En tant que croyants, nous devons permettre au Saint-Esprit de sonder nos cœurs et de nous corriger. La grâce de Dieu n'est pas une autorisation de vivre avec insouciance ; c'est le pouvoir de vivre purement. Puissions-nous, comme Paul, servir avec une conscience qui honore Dieu et reflète Christ dans le monde.

Action du jour : *Examine ton cœur aujourd'hui. Si quelque chose trouble ta conscience, confesse-le, corrige-le et demande au Saint-Esprit de restaurer ta pureté intérieure !*

Prions

1. *Seigneur, donne-moi une conscience sensible et obéissante qui répond rapidement à ta voix, au nom de Jésus.*
2. *Père, purifie mes motivations et purifie mon cœur des fautes cachées, au nom de Jésus.*
3. *Saint-Esprit, délivre-moi de toute forme de compromission et de malhonnêteté, au nom de Jésus.*
4. *Seigneur, aide-moi à vivre avec intégrité afin que ma vie ne discrédite pas l'Évangile, au nom de Jésus.*
5. *Père, fortifie-moi avec la grâce pour marcher quotidiennement dans la sincérité, la pureté et la vérité, au nom de Jésus.*

Mercredi 18 février

COMMENT NE PAS S'ÉTEINDRE SPIRITUELLEMENT

Lis : Apocalypse 2:1-7

La Bible en 1 an : Jos. 16-18
La Bible en 2 ans : Matt. 27

« Mais ce que j'ai contre toi, c'est que tu as abandonné ton premier amour. Souviens-toi donc d'où tu es tombé, repens-toi, et pratique tes premières œuvres. » (Apocalypse 2:4-5)

Bien commencer ne garantit pas de bien finir. De nombreux leaders, ministères ou organisations chrétiennes débutent avec zèle, clarté et direction divine, mais finissent par dériver, faire des compromis ou perdre le focus.

Sur le plan spirituel, « s'éteindre » signifie perdre lentement sa vitalité, sa passion et sa sensibilité à Dieu. Une personne peut sembler active, engagée, voire « réussie », tout en étant intérieurement sèche, coupable ou déconnectée. L'activité sans la vie, le service sans intimité, les responsabilités sans dévotion sont les marques d'un cœur qui s'éteint. Un croyant en train de s'éteindre est comme une lampe dont la mèche brûle faiblement — encore allumée, mais incapable d'éclairer les autres ou d'éclairer sa propre route.

Le mot grec « *aphanizō* » signifie « disparaître, s'effacer, devenir invisible progressivement ». Spirituellement, cela représente le processus subtil et presque imperceptible par lequel un croyant perd son influence, sa passion et sa clarté de but. Ce n'est jamais soudain ; cela s'installe petit à petit, par négligence, compromis ou distraction. À l'inverse, *nēphō* signifie « être vigilant, sobre, éveillé spirituellement ». L'Esprit nous appelle à rester éveillés et vigilants pour éviter cette lente descente spirituelle.

Imagine un feu autrefois ardent, recouvert peu à peu de cendre et de poussière. De loin, il semble encore brûler, mais la chaleur et la lumière s'affaiblissent. Ce n'est que lorsque la cendre est retirée et les braises ravivées que le feu retrouve sa force. De même, un croyant doit enlever les distractions, se repentir du péché, et revenir à l'intimité avec Dieu pour raviver sa vie et sa passion spirituelles. C'est le message que Jésus adresse à l'Église d'Éphèse — et qu'il nous adresse encore aujourd'hui.

Pour garder la clarté spirituelle, l'intégrité et le focus, il te faut revenir à ton premier amour, pratiquer l'obéissance au quotidien, chercher la redevabilité, et placer l'intimité avec Dieu au-dessus de l'activisme. S'éteindre est évitable, mais cela demande vigilance, humilité et un renouvellement de ta dévotion.

Action du jour : *Prie et réfléchis aux domaines où tu es peut-être en train de dériver. Reconsacre-toi aujourd'hui à ton premier amour et à ta mission en Dieu.*

Prions
1. *Père, merci de m'avoir appelé à une relation vivante avec toi, au nom de Jésus.*
2. *Seigneur, révèle-moi chaque domaine où je suis en train de m'éteindre spirituellement, au nom de Jésus.*
3. *Père, restaure la passion et la dévotion que j'avais au commencement, au nom de Jésus.*

4. *Seigneur, donne-moi la clarté, l'intégrité et le focus pour bien terminer ma course, au nom de Jésus.*
5. *Je décrète que je ne m'éteindrai pas, mais que je resterai vivant, rayonnant et spirituellement fécond, au nom de Jésus.*

Jeudi 19 février

DIEU PREND DU TEMPS POUR FAIRE CERTAINES CHOSES

Lis : Actes 13 :17-20

La Bible en 1 an : *Jos. 19-21*
La Bible en 2 ans : Matt. 28 ; Ex. 1

« Je suis persuadé que celui qui a commencé en vous cette bonne œuvre la rendra parfaite pour le jour de Jésus-Christ » (Philippiens 1 : 6).

Nous vivons dans un monde impatient. Les gens perdent la capacité d'attendre quoi que ce soit. De la messagerie instantanée à la restauration rapide en passant par la livraison le lendemain, nous avons été conditionnés à nous attendre à de la rapidité, même avec Dieu. Mais Dieu n'est pas pressé. Il n'opère pas sur le chronomètre de l'homme.

Il est intéressant de noter que Actes 13 :20 nous rappelle qu'il a fallu 450 ans à Dieu pour accomplir la promesse qu'il avait faite à Abraham : délivrer Israël, la bâtir et l'installer dans son héritage. Pourquoi ? Parce que Dieu fait les choses de manière parfaite et complète, et sans précipitation.

Il n'est pas seulement l'Alpha, il est aussi l'Omega. Il ne commence pas ce qu'il ne finira pas. Philippiens 1 :6 nous assure : *« Je suis persuadé que celui qui a commencé en vous cette bonne œuvre la rendra parfaite pour le jour de Jésus-Christ. » (Philippiens 1 : 6).*

Le mot grec pour « Achèvement » est « Epiteleō », qui signifie amener à l'accomplissement parfait. Cher ami, Dieu ne fait pas d'expérience dans ta vie. Il exécute un plan divin. Il a un plan, un processus et un calendrier parfait qui te concerne.

Il existe des principes divins qui régissent sa manière d'agir. Il planifie avant d'agir. Il opère dans la justice, sans jamais violer la droiture. Il forme avant d'utiliser. Il multiplie avant d'envoyer. Et il n'utilise jamais de raccourcis. Même Jésus, Dieu qui s'est fait chair, a dû grandir en sagesse et en stature avant de commencer son ministère à 30 ans (Luc 2 :40, 51-52).

Imaginez un constructeur qui bâtit un gratte-ciel. Plus les fondations sont profondes, plus il faudra attendre avant que quelque chose de visible ne s'élève. Mais lorsque le bâtiment apparaît enfin, il est inébranlable. Dieu fonctionne ainsi. Ce qui semble être un retard est souvent une préparation divine. Certaines promesses peuvent prendre plus de temps que prévu, non pas parce que Dieu les a oubliées, mais parce qu'il veille à ce qu'elles perdurent. Patiente !

Déclaration : *Je déclare que je fais partie d'un plan divin qui ne peut échouer, et chaque promesse me concernant se manifestera au temps parfait de Dieu, au nom de Jésus.*

Prions

1. Père, je te remercie d'être un Dieu qui termine ce qu'il a commencé dans ma vie, au nom de Jésus.

2. Père, pardonne-moi de me précipiter au-devant de ton plan et de douter pendant les périodes d'attente, au nom de Jésus.

3. Ô Seigneur, apprends-moi à valoriser le processus et à croire que tu es toujours à l'heure, au nom de Jésus.

4. Père, aide-moi à me concentrer à te plaire chaque jour pendant que j'attends que tes promesses s'accomplissent, au nom de Jésus.
5. Ô Seigneur, fortifie ma foi pour que je croie même si l'accomplissement vient après ma mort, au nom de Jésus.

Vendredi 20 février   **LA MEILLEURE PRIÈRE**

Lis : Luc 22 :39-46

La Bible en 1 an : Jos. 22-24
La Bible en 2 ans : Ex. 2-3

« Père, si tu voulais éloigner de moi cette coupe ! Toutefois, que ma volonté ne se fasse pas, mais la tienne » (Luc 22 :42).

De toutes les prières de l'Écriture, aucune n'est peut-être plus grande que celle que Jésus a prononcée à Gethsémané : *« Que ma volonté ne se fasse pas, mais la tienne » (Luc 22 : 42)*. Cette prière est l'essence de la soumission véritable. Cela place le croyant au centre de la volonté de Dieu, là où coulent sa puissance, sa provision et son dessein pour une vie pleine d'impact.

Malheureusement, de nombreuses personnes considèrent la prière comme un moyen de persuader Dieu de réaliser leurs désirs. Mais la meilleure prière cherche à s'aligner sur le dessein de Dieu, et non à persuader. Jésus aurait pu appeler des légions d'anges pour éviter la croix, mais il a choisi de se rendre. Grâce à cette prière, le salut a été assuré pour les hommes.

Le verbe « se soumettre » vient du grec « Paradidōmi », qui signifie remettre, céder, se confier pleinement à l'autorité d'autrui. Dieu veut que nous lui remettions tout et que nous lui permettions de conduire nos paroles, nos décisions et nos actions. C'est le chemin vers la liberté et la paix.

Prier « Seigneur, purifie-moi », c'est demander à Dieu de purifier nos cœurs afin que nous puissions être des vases adaptés pour son usage (Psaume 51 : 10). Prier « Seigneur, remplis-moi », c'est inviter le Saint-Esprit à prendre le contrôle, nous donnant le pouvoir de vivre et de servir dans la sanctification (Éphésiens 5 : 18). Prier « Seigneur, utilise-moi », c'est déposer nos dons, nos ressources et notre vie sur l'autel pour les besoins du royaume (Romains 12 : 1). Ces trois pétitions — purifie-moi, remplis-moi et utilise-moi, reflètent ensemble la prière de soumission.

La Bible nous donne des exemples de vies abandonnées. Ésaïe a répondu à l'appel de Dieu par : *« Me voici, envoie-moi ! » (Ésaïe 6 :8)*. Paul, après avoir rencontré Christ, a prié : *« Seigneur, que veux-tu que je fasse ? (Actes 9 : 6)*. Marie, la mère de Jésus, a déclaré : *« Qu'il me soit fait selon ta parole » (Luc 1 : 38)*. Chacun d'eux a placé la volonté de Dieu au-dessus de la sienne, et à travers eux, ses desseins ont été accomplis.

Bien-aimé, la meilleure prière n'est pas une question d'éloquence, mais de soumission. Lorsque tu soumets ta volonté à celle de Dieu, tu entres dans l'endroit le plus sûr et le plus fructueux qu'un croyant ne puisse jamais entrer : son plan parfait.

Action du jour : *Demande tranquillement au Saint-Esprit de te montrer quelque chose ou un domaine de ta vie dans lequel tu dois t'abandonner à Dieu.*

Prions
1. *Père, je te remercie pour le privilège de la prière et de m'avoir aligné sur ta volonté parfaite, au nom de Jésus.*

2. *Seigneur, purifie-moi de tout péché et de toute impureté qui entravent ma marche avec toi, au nom de Jésus.*
3. *Saint-Esprit, remplis-moi à nouveau de ta puissance et de ta présence, au nom de Jésus.*
4. *Seigneur, utilise ma vie comme un instrument pour te glorifier et étendre ton royaume, au nom de Jésus.*
5. *Père, aide-moi à placer ta volonté au-dessus de mes propres désirs, quel qu'en soit le prix, au nom de Jésus.*
6. *Je déclare que ma vie est soumise à Dieu ; je suis purifié, rempli et utile pour sa gloire, au nom de Jésus.*

Samedi 21 février **DÉRACINE-LA !**

Lis : Proverbes 6 :12-19

> **La Bible en 1 an :** Jean 11-13
> **La Bible en 2 ans :** Ex. 4-5

« Il leur répondit : Toute plante que mon Père céleste n'a pas lui-même plantée sera arrachée » (Matthieu 15 : 13 BDS).

Dieu plante de bonnes graines, mais l'ennemi plante de mauvaises herbes destructrices pour corrompre et étouffer ce que Dieu a semé. Jésus a dit : *« Toute plante que mon Père céleste n'a pas lui-même plantée sera arrachée » (Matthieu 15 : 13).* La responsabilité des croyants est de coopérer avec Dieu pour identifier et déraciner les graines sataniques avant qu'elles ne se transforment en habitudes destructrices.

« Déraciner » en grec se dit « Ekrizoo », ce qui signifie « arracher par les racines, enlever complètement ». La vraie délivrance ne consiste pas à couper les mauvaises herbes, mais à les déraciner afin qu'elles ne repoussent jamais.

Caïn est un exemple qui donne à réfléchir. Au lieu de se réjouir de la faveur d'Abel, il a nourri l'envie et le ressentiment jusqu'à ce que cela se transforme en meurtre (Genèse 4 : 7-8). Dieu l'a averti de dominer sur le péché avant qu'il ne le domine, mais Caïn a ignoré l'avertissement et a récolté des conséquences tragiques. De même, lorsque nous tolérons les mauvaises herbes du péché : l'envie, l'amertume, la luxure ou les fausses doctrines, elles finissent par nous détruire.

Les Écritures nous montrent des exemples de ces mauvaises herbes. La fausse doctrine déstabilise la foi (1 Timothée 4 : 1-2). Les germes de discorde détruisent les familles et les églises (Proverbes 6 : 16-19). La luxure, si elle n'est pas maîtrisée, mène à l'immoralité, comme dans la tragédie d'Amnon (2 Samuel 13). Les mauvais esprits peuvent semer des graines d'affliction pour tourmenter et opprimer les gens (Matthieu 17 : 14-15). Si elles ne sont pas combattues, ces mauvaises herbes poussent des racines trop profondes pour s'arracher facilement.

Mais à travers Christ, nous, croyants, avons le pouvoir de déraciner toute plante que le Père n'a pas plantée. Sur la croix, Jésus a désarmé les puissances des ténèbres (Colossiens 2 : 15). Le Saint-Esprit révèle les mauvaises herbes cachées dans nos cœurs et nous donne le pouvoir de les déraciner. Tout comme un agriculteur ne peut pas laisser les mauvaises herbes envahir son champ, tu dois agir de manière décisive par la prière, la repentance et l'obéissance à la Parole de Dieu, pour détruire toutes les mauvaises herbes dans ta vie.

Action du jour : *Aujourd'hui, examine ton cœur. Quelle graine l'ennemi a-t-il plantée ? Déracine-la maintenant, au nom de Jésus !*

Prions
1. *Père, merci d'avoir semé de bonnes graines de justice dans ma vie, au nom de Jésus.*
2. *Seigneur, expose toute mauvaise herbe cachée que l'ennemi a plantée dans mon cœur, au nom de Jésus.*

3. *Je déracine les fausses doctrines et toute tromperie qui corrompt ma foi, au nom de Jésus.*
4. *Père, délivre-moi de la luxure, de l'affliction et de toute graine satanique conçues pour me détruire, au nom de Jésus.*
5. *Je déclare : toute mauvaise graine dans ma vie est déracinée. Je suis fécond et victorieux en Christ, au nom de Jésus.*

Dimanche 22 février   **LA PAIX SOIT AVEC TOI**

Lis : Daniel 3 :16-18

La Bible en 1 an : Jean 14-17
La Bible en 2 ans : Exo. 6-7

« Je vous laisse la paix, je vous donne ma paix. Je ne vous donne pas comme le monde donne. Que votre cœur ne se trouble point et ne s'alarme point » (Jean 14 :27).

La paix de Dieu dépasse tout ce que le monde peut offrir. Es-tu troublé et sans paix à cause de ce que tu vis actuellement ? Dieu veut inonder ton âme de sa paix.

La paix humaine est l'absence de conflit ou de perturbation, mais la paix divine est la présence de Christ au milieu du conflit. Jésus a dit à ses disciples : *« Je vous donne ma paix » (Jean 14 :27).* Cette paix est surnaturelle : elle nous maintient stables lorsque les circonstances sont chaotiques.

Nous le voyons clairement dans les Écritures. Les trois garçons hébreux se tenaient devant la fournaise ardente de Nebucadnetsar sans trembler (Daniel 3 : 16-18). Ils ont déclaré leur foi en Dieu même si la délivrance ne venait pas. Cette résolution calme n'était pas naturelle, c'était la paix de Dieu. De même, Pierre a dormi en prison la veille de son exécution (Actes 12 : 6). Comment pouvait-il dormir si profondément ? Il avait confiance en la souveraineté du Seigneur. La paix de Dieu gardait son cœur comme une forteresse inébranlable.

Paul explique le secret : *« Ne vous inquiétez de rien; mais en toute chose faites connaître vos besoins à Dieu par des prières et des supplications, avec des actions de grâces. Et la paix de Dieu, qui surpasse toute intelligence, gardera vos cœurs et vos pensées en Jésus-Christ » (Philippiens 4 :6-7).* Les étapes clés sont simples :
1) Informe Dieu de tes besoins (1 Pierre 5 : 7).
2) Confie-lui le fardeau — arrête de le porter toi-même.
3) Commence à le remercier d'avance, car la gratitude ouvre la porte à sa paix.

Un frère dans la foi a un jour témoigné avoir perdu son emploi de façon inattendue, mais, au lieu de paniquer, il a choisi de faire confiance à Dieu dans la prière et l'action de grâce. En quelques semaines, une meilleure opportunité s'est présentée. La paix l'a soutenu à travers la saison d'attente.

La paix de Dieu est ton héritage en Christ. Ne laisse pas l'anxiété te ronger. Confie tes inquiétudes à Jésus. Il est fidèle.

Action du jour : *Relève deux promesses bibliques concernant ta situation et confesse-les plusieurs fois aujourd'hui !*

Prions
1. *Père, merci de m'avoir donné le don de la paix par le Christ, au nom de Jésus.*
2. *Seigneur, apprends-moi à me décharger de tous mes soucis et à avoir pleinement confiance, au nom de Jésus.*
3. *Père, délivre-moi de l'anxiété et de la peur qui troublent mon âme, au nom de Jésus.*
4. *Ô Père, que ta paix gouverne mon esprit, ma famille et mes circonstances, au nom de Jésus.*

5. *Père, aide-moi à vivre comme un témoin de paix, en conduisant les autres vers Christ, au nom de Jésus.*

Lundi 23 février **PURIFIÉS PAR DIEU**

Lis : Matthieu 4:1-11

> **La Bible en 1 an :** Jean 18-21
> **La Bible en 2 ans :** Ex. 8-9

« Beaucoup seront purifiés, blanchis et éprouvés comme par le feu. Les méchants se conduiront avec perversité et aucun d'eux n'aura la sagesse de comprendre, mais ceux qui auront du discernement comprendront » (Daniel 12:10 SMR).

La nature de Dieu est pure, et parce qu'il est saint, il ne peut approuver le mal (Habacuc 1:13). C'est pourquoi tous ceux qui veulent le servir doivent passer par un processus de purification.

En hébreu, « purifier » c'est « Barar », ce qui signifie « sélectionner, nettoyer ou raffiner ». La purification est le processus par lequel Dieu élimine les impuretés afin que son peuple puisse refléter sa sainteté. Daniel a prophétisé qu'à la fin des temps, beaucoup seront purifiés, raffinés et rendus sans tache. *« Plusieurs seront purifiés, blanchis et épurés »* *(Daniel 12:10)*. La purification n'est pas une punition, c'est une préparation. C'est ainsi que Dieu façonne des vases dignes de sa gloire.

Même Jésus, bien qu'il fût sans péché, a été mis à l'épreuve. Il a été confronté à l'épreuve de l'appétit lorsqu'il a été tenté de transformer des pierres en pain (Matthieu 4:3-4). Il a vaincu en s'appuyant sur la Parole de Dieu, nous rappelant que nos désirs doivent être sous le contrôle de l'Esprit. Il a été confronté à l'épreuve du pouvoir lorsque

Satan lui a offert des royaumes en échange de son adoration (Matthieu 4:8-10). Il a choisi l'obéissance plutôt que l'ambition. Enfin, il a été confronté à l'épreuve de l'orgueil lorsqu'on lui a demandé de se jeter du haut du temple pour prouver son identité (Matthieu 4:5-7). Il a refusé de rechercher la validation humaine, faisant plutôt confiance au Père.

Ces trois épreuves : l'appétit, le pouvoir et l'orgueil sont encore aujourd'hui le feu par lequel Dieu nous purifie. Le raffinage est parfois douloureux, mais il produit un caractère sans tache qui reflète celui du Christ (1 Pierre 1:7). Comme l'or dans le fourneau, le peuple de Dieu brille davantage après être passé par le feu.

En tant que jeune croyant, le jeûne et la prière m'ont aidé à surmonter les habitudes destructrices que j'avais cultivées avant de venir à Christ. Ce qui me contrôlait autrefois a perdu son pouvoir parce que Dieu purifiait mes désirs. Dieu continue aujourd'hui à purifier et à raffiner les cœurs.

Veux-tu que Dieu t'utilise ? Il doit d'abord te purifier (2 Timothée 2:21). Laisse l'Esprit te raffiner. Ce que Dieu purifie, il le rend aussi puissant.

Action du jour : *Es-tu sous l'emprise d'une mauvaise habitude ? Confesse-la à ton pasteur. Jeûne et prie pour être délivré.*

Prions
1. *Père, merci pour ton feu raffineur qui me prépare à ton service, au nom de Jésus.*
2. *Seigneur, purifie mon cœur des péchés cachés et des fautes secrètes, au nom de Jésus.*

3. *Père, délivre-moi de l'emprise des appétits et des désirs incontrôlés, au nom de Jésus.*
4. *Ô Seigneur, empêche-moi de rechercher le pouvoir et la renommée hors de ta volonté, au nom de Jésus.*
5. *Père, brise toute racine d'orgueil en moi ; revêts-moi d'humilité et d'un caractère semblable à celui du Christ, au nom de Jésus.*
6. *Je déclare : je suis purifié par Dieu, raffiné comme l'or, et mis à part pour sa gloire, au nom de Jésus.*

Prières prophétiques de la semaine

1. **« Je t'instruirai et t'enseignerai. » (Psaume 32:8)** *Dieu me conduira aujourd'hui dans sa volonté parfaite, au nom de Jésus.*
2. **« Un homme diligent se tiendra devant les rois. » (Proverbes 22:29)** *Je m'élèverai vers l'excellence et influencerai ma génération, au nom de Jésus.*
3. **« Aucune arme forgée contre toi ne prospérera. » (Ésaïe 54:17)** *Toutes les attaques contre moi cette semaine échoueront lamentablement, au nom de Jésus.*

Mardi 24 février **QUELQU'UN ESSAIE-T-IL DE TE DÉTRUIRE ?**

Lis : Daniel 6:1-24

La Bible en 1 an : 1 Rois 1-4
La Bible en 2 ans : Ex. 10-11

« Si tu vois un homme habile dans son ouvrage, Il se tient auprès des rois; Il ne se tient pas auprès des gens obscurs » (Proverbes 22:29).

Pendant que certains se réjouissent de ta promotion, d'autres sont furieux. Mais n'oublie jamais que Dieu protège ceux qu'il a promus. Le Psaume 121:3 dit : *« Il ne te laissera pas tomber… »*

L'élévation de Daniel a suscité la jalousie de ses collègues. Son esprit extraordinaire et son intégrité ont fait de lui la cible de complots et de manipulations. Mais malgré toutes leurs manœuvres, ils n'ont rien trouvé à lui reprocher, sauf en ce qui concerne sa foi. Cela révèle une vérité importante : lorsque la faveur de Dieu t'élève, l'opposition viendra, mais l'INTÉGRITÉ et la FIDÉLITÉ te préserveront.

Pourquoi Daniel a-t-il triomphé ? Premièrement, il s'est distingué par son excellence. La médiocrité ne glorifie jamais Dieu, mais une vie de diligence le fait (Colossiens 3:23). Deuxièmement, il était exempt de négligence et de corruption. Alors que d'autres faisaient des compromis, Daniel a conservé son intégrité. Troisièmement, il était constant dans sa dévotion à Dieu. Même lorsque la prière mettait sa vie en danger, il refusait d'abandonner sa discipline spirituelle (Daniel 6:10).

Souvent, des collègues ou des pairs essaient de rabaisser les autres par jalousie ou par insécurité. Au lieu de riposter avec les mêmes armes, les croyants sont appelés à répondre avec un caractère pieux. Proverbes 22:29 dit : « *As-tu vu un homme habile dans son travail ? Il se tiendra devant les rois, il ne se tiendra pas devant des hommes obscurs.* » Lorsque tu marches dans l'intégrité, Dieu lui-même te défend et te promeut.

Une sœur dans la foi était injustement accusée au travail. Au lieu de riposter, elle a gardé sa foi et a servi avec diligence. Quelques mois plus tard, ses accusateurs ont été démasqués et elle a été promue. Son intégrité a survécu à leurs complots.

Mon ami, quelqu'un essaie-t-il de te faire tomber ? Souviens-toi : la faveur de Dieu est plus grande que leurs complots. Mène une vie sans reproche, reste fidèle à Dieu et fais-lui confiance pour te disculper.

Action du jour : *Identifie une façon dont tu souhaites améliorer la qualité de ton travail. Prie et agis !*

Prions
1. *Père, merci pour l'exemple d'intégrité et de fidélité de Daniel, au nom de Jésus.*
2. *Seigneur, donne-moi un esprit d'excellence qui me distingue dans tous les domaines de la vie, au nom de Jésus.*
3. *Père, délivre-moi de la négligence, de la corruption et du compromis, au nom de Jésus.*
4. *Ô Éternel, protège-moi de l'envie, des mensonges et des manipulations au travail ou dans le ministère, au nom de Jésus.*

5. *Je déclare : aucun complot contre moi ne tiendra – la faveur de Dieu m'élèvera plus haut, au nom de Jésus.*

Mercredi 25 février **TON NOM NE DOIT PAS T'ARRÊTER**

Lis : Daniel 1:3-16

> **La Bible en 1 an :** 1 Rois 5-8
> **La Bible en 2 ans :** Ex. 12

« Si quelqu'un est en Christ, il est une nouvelle créature. Les choses anciennes sont passées ; voici, toutes choses sont devenues nouvelles » (2 Corinthiens 5:17).

Grâce à la nouvelle naissance, tu es né dans la famille de Dieu. En tant qu'enfant légitime de Dieu, tu as un nouveau nom. Cherche ton nouveau nom dans la Bible. Quel que soit le nom que Satan et le monde essaient de t'imposer, il n'a aucun effet. Ne t'y soumets pas !

Lorsque Daniel et ses amis ont été emmenés à Babylone, la première attaque contre leur destinée a été leur identité. Le chef des fonctionnaires leur a donné de nouveaux noms babyloniens liés à des dieux étrangers. Daniel a été appelé Belteshazzar (lié à Bel, une divinité païenne) ; Hanania a été appelé Shadrach ; Mishael est devenu Meshach ; et Azariah a été rebaptisé Abednego. Cette stratégie visait à les dépouiller de leur identité d'alliance et à les assimiler à la culture babylonienne.

Mais bien que leurs noms aient été changés, leur dévouement à Dieu est resté inébranlable. *Daniel « était déterminé à ne pas se souiller » (v. 8).* Les noms imposés par d'autres, qu'ils soient synonymes d'échec, de limitation ou de ridicule, ne peuvent arrêter une personne dont le cœur est consacré à Dieu. En Christ, tu portes une nouvelle identité :

« Si quelqu'un est en Christ, il est une nouvelle créature » (2 Corinthiens 5:17).

Peut-être, comme Jaebets, le nom qui t'a été donné à la naissance ne correspond pas à ta destinée. Jaebets, dont le nom signifiait « tristesse », a prié et Dieu a transformé son histoire (1 Chroniques 4:9-10). Ce qui importe le plus, ce n'est pas le nom que les gens te donnent, mais le Dieu que tu sers et l'objectif que tu poursuis. Ta consécration radicale te distinguera pour des choses glorieuses.

Je connais un frère qui a réussi et qui était autrefois ridiculisé parce qu'il échouait à l'école. Il s'est accroché fermement aux promesses de Dieu. Aujourd'hui, ceux-là même qui se moquaient de lui célèbrent son succès après que Dieu l'ait élevé professionnellement. Son dévouement a surpassé les étiquettes.

Daniel nous montre que les noms peuvent être imposés, mais qu'ils ne définissent pas la destinée. Reste fidèle, conserve ta consécration, et Dieu fera briller ta véritable identité.

Action du jour : *Y a-t-il un nom ou une identité erronée que Satan essaie de t'imposer ? Identifie-les et rejette-les fermement !*

Prions

1. *Père, merci de m'avoir donné une nouvelle identité en Christ, au nom de Jésus.*
2. *Seigneur, fais taire toute étiquette ou tout nom erroné prononcé sur ma vie, au nom de Jésus.*
3. *Père, délivre-moi de la peur des opinions humaines et des fausses identités, au nom de Jésus.*

4. *Père, aide-moi à marcher dans une consécration radicale et à refuser la souillure, au nom de Jésus.*
5. *Ô Père, que ma véritable destinée et ma véritable vocation en Christ brillent au-dessus de tout faux nom, au nom de Jésus !*
6. *Je déclare : aucun nom donné par l'homme ne peut m'arrêter - je marche dans l'identité et la destinée que Dieu m'a données, au nom de Jésus.*

Jeudi 26 février **LA SOURCE DE LA FORCE FAMILIALE**

Lis : Luc 22:39-46

La Bible en 1 an : 1 Rois 9-12
La Bible en 2 ans : Ex. 13-14

« Veillez et priez, pour ne pas céder à la tentation. L'esprit de l'homme est plein de bonne volonté, mais la nature humaine est bien faible » (Matthieu 26:41 SMR).

Sais-tu que la prière efficace est le moteur caché d'une famille indestructible ? Jésus ne s'est pas contenté d'enseigner la prière à ses disciples, il leur en a donné l'exemple. La nuit où il a été trahi, il est entré dans le jardin de Gethsémané et a prié avec une telle intensité que sa sueur est devenue comme des gouttes de sang (Luc 22:44). La profondeur de sa prière lui a donné la force d'affronter la croix et d'accomplir sa mission.

Ta famille peut puiser une force extraordinaire dans son autel de prière. Malheureusement, les familles qui négligent l'autel de prière souffrent sous le joug et la manipulation des démons. J'ai vu plusieurs familles se relever après avoir installé un autel de prière et commencé à prier avec ferveur. En 1995, notre famille a élevé un autel prophétique où nous nous réunissions pour intercéder en faveur de la guérison, de la direction et de la percée. Au fil des ans, nous avons vu la main de Dieu apporter la restauration, la provision et des miracles. Cet autel est devenu le centre d'unité et de transformation de notre famille, prouvant que la prière est plus que des mots ; c'est le lieu de rencontre avec Dieu où se façonnent les destinées.

Lorsque Jésus a averti ses disciples : *« Veillez et priez afin de ne pas tomber dans la tentation » (Matthieu 26:41)*, il a révélé que la prière nous protège de la faiblesse. Mon ami, la tentation, les conflits et la pression viendront, mais ta prière t'apportera endurance, discernement et victoire. Sans une prière efficace, même tes intentions les plus fortes s'effondreront sous la pression. Assure-toi donc de ne jamais délaisser l'autel de prière familial, quelle qu'en soit la raison.

As-tu un autel familial ? Si ce n'est pas le cas, envisage de réunir ta famille pour créer un autel de prière dynamique. De nos jours, il est facile de créer un autel familial. Il peut se trouver dans ton salon, autour d'une table, par le biais d'appels téléphoniques ou de réunions virtuelles. La méthode peut changer, mais le principe est intemporel. Laisse tes enfants entendre ta voix lorsque tu pries dans la tempête et chante dans la vallée. Apprends-leur que la prière n'est pas un dernier recours, mais la première ligne de défense.

Une famille qui prie ensemble ne se brise pas facilement. Elle reste unie, forte et victorieuse, portant la présence de Dieu dans chaque saison de la vie.

Action du jour : *Crée un autel de prière familial dans les 7 prochains jours si tu n'en as pas !*

Prions
1. *Père, merci pour le don de la prière qui maintient notre famille proche de toi et les uns des autres, au nom de Jésus.*
2. *Saint-Esprit, allume une nouvelle passion pour la prière chez chaque membre de ma famille, au nom de Jésus.*
3. *Père, que notre autel familial soit rempli de ta présence, de ta puissance et de ta gloire, au nom de Jésus.*

4. *Père, déracine tout esprit de distraction, de paresse et d'apathie qui affaiblit notre vie de prière, au nom de Jésus.*
5. *Père, suscite des sentinelles et des intercesseurs parmi nos enfants et les membres de notre famille, au nom de Jésus.*
6. *Je déclare que le feu de Dieu ne s'éteindra jamais sur l'autel de ma famille, au nom de Jésus !*

Vendredi 27 février   **IL TE PORTERA**
Lis : Ésaïe 46:3-4

    La Bible en 1 an : 1 Rois 13-15
        La Bible en 2 ans : Ex. 15-16

« Le Dieu d'éternité est un refuge, Et sous ses bras éternels est une retraite. Devant toi il a chassé l'ennemi, Et il a dit : Extermine » (Deutéronome 33:27).

La vie nous réserve souvent des moments où nos forces nous abandonnent, où nos rêves s'effondrent et où la douleur nous submerge. Comme Derek Redmond aux Jeux olympiques de 1992, nous pouvons commencer en force, mais tomber soudainement. Pourtant, Ésaïe 46:4 nous rappelle une vérité puissante : le Dieu qui nous a créés nous porte également. Il ne nous abandonne pas dans notre faiblesse. Il nous soutient de ses bras éternels. On peut également lire dans le livre de Deutéronome 33:27 : *« Le Dieu d'éternité est un refuge, Et sous ses bras éternels est une retraite ».*

    Israël a souvent été confronté à des fardeaux, des idoles et des ennemis. Mais Dieu a déclaré que, contrairement aux dieux sans vie de Babylone, qui devaient être portés, lui-même porterait son peuple. C'est la différence entre la religion et la relation. Nous ne portons pas Dieu ; c'est lui qui nous porte. Jésus l'a réaffirmé lorsqu'il a dit : *« Venez à moi, vous tous qui êtes fatigués et chargés, et je vous donnerai du repos » (Matthieu 11:28).*

    Lorsque Paul était accablé, il a découvert cette vérité : *« Ma grâce te suffit, car ma puissance s'accomplit dans la faiblesse » (2 Corinthiens 12:9).* La force de Dieu se révèle le plus clairement lorsque nous ne pouvons plus marcher par nos propres moyens.

Jim Redmond est intervenu pour aider son fils à terminer la course de 400 mètres après qu'il se soit déchiré le tendon du jarret lors des Jeux olympiques de Barcelone en 1992. Le père qui est entré sur la piste pour porter son fils reflète la façon dont notre Père céleste intervient dans notre fragilité. Il ne se contente pas de regarder de loin, mais il court vers nous, nous embrasse et nous dit : « Nous allons terminer cela ensemble. »

Es-tu fatigué, accablé ou brisé aujourd'hui ? Le même Dieu qui t'a formé s'engage à te soutenir. Il ne se contentera pas de te porter à travers la douleur, mais il veillera également à ce que tu termines la course de la foi. Tu y arriveras au nom de Jésus !

Déclaration : *Déclare ceci tout au long de la journée : « Je ne suis pas seul. La main de Dieu me portera à travers cette épreuve, au nom de Jésus ! »*

Prions
1. *Père, merci de me porter dans les moments de faiblesse et de me soutenir chaque jour, au nom de Jésus.*
2. *Seigneur, relève-moi quand je tombe et porte-moi à travers les épreuves de la vie, au nom de Jésus.*
3. *Père, brise le fardeau de l'autonomie et apprends-moi à m'appuyer entièrement sur toi, au nom de Jésus.*
4. *Père, fortifie-moi pour que je te fasse confiance lorsque je me sens trop faible pour avancer, au nom de Jésus.*
5. *Père, porte ma famille, mon église et ma nation à travers toutes les tempêtes vers ton dessein cette année, au nom de Jésus.*

Samedi 28 février   **L'ÉCHEC N'EST PAS UNE OPTION**

Lis : Philippiens 3:12-16

> **La Bible en 1 an :** 1 Rois 16-19
> **La Bible en 2 ans :** (Rattrapage)

« Frères, je ne pense pas l'avoir saisi; mais je fais une chose : oubliant ce qui est en arrière et me portant vers ce qui est en avant, je cours vers le but, pour remporter le prix de la vocation céleste de Dieu en Jésus-Christ » (Philippiens 3:13-14).

Sais-tu que chaque percée commence par une décision : L'ÉCHEC N'EST PAS UNE OPTION. Beaucoup de gens abandonnent trop tôt parce qu'ils se laissent secrètement une porte de sortie. Les Israélites retournaient dans leur cœur vers l'Égypte chaque fois que le désert devenait difficile (Actes 7:39). Ils ne sont jamais entrés dans le meilleur de Dieu parce qu'ils ont entretenu l'idée d'abandonner dans leur esprit.

Les paroles de Paul dans Philippiens 3 nous montrent l'état d'esprit d'un vainqueur. Il a refusé d'être défini par ses échecs passés et a décidé de poursuivre son chemin vers l'appel céleste. De même, Jésus a averti dans Luc 9:62 que *« quiconque met la main à la charrue et regarde en arrière n'est pas apte au service du royaume de Dieu »*. Marcher avec Dieu, c'est embrasser la persévérance, c'est refuser de battre en retraite même lorsque les épreuves semblent insupportables.

« Persévérer » en grec c'est « Dioko », ce qui signifie « poursuivre avec détermination, courir après, ne jamais abandonner ». C'est la mentalité dont tu as besoin pour rechercher et servir Dieu jusqu'à la fin.

Le mariage en est une illustration frappante. De nombreux couples s'engagent avec la possibilité tacite d'abandonner. Lorsque les tempêtes surviennent, cet état d'esprit affaiblit leur détermination. Mais ceux qui suppriment le mot « divorce » de leur vocabulaire surmontent les difficultés, grandissent dans l'amour et construisent un héritage durable. Le même principe s'applique au ministère, aux affaires et à la foi.

Lorsque nous nous sommes mariés en 1999, nous avons convenu de ceci : Ma femme ne dira jamais « Je vais abandonner », et je ne devrai jamais lui dire « Quitte cette maison ». Plus de vingt-cinq ans plus tard, nous jouissons pleinement de notre mariage, nous ne le subissons pas. La porte appelée « ABANDONNER » a été fermée et la clé a été jetée.

La marche chrétienne exige une détermination similaire. Avec Christ qui vit en nous, abandonner n'est pas une option. La victoire appartient à ceux qui décident de persévérer.

Action du jour : *Envisages-tu d'abandonner ton mariage ou une mission que Dieu t'a confiée ? Décide de ne pas abandonner et demande à Dieu de t'accorder sa grâce.*

Prions
1. Père, merci de me donner la force de persévérer en Christ, au nom de Jésus.
2. Seigneur, enlève de mon cœur toute envie d'abandonner, au nom de Jésus.

3. *Père, fortifie-moi pour que je poursuive ton appel, quelles que soient les difficultés, au nom de Jésus.*
4. *Père, visite ceux qui sont accablés et veulent abandonner leur mariage ou leur ministère, et renouvelle-les, au nom de Jésus.*
5. *Père, aide-moi à fixer mes yeux sur le prix et non sur les difficultés présentes, au nom de Jésus.*
6. *Je déclare : l'échec n'est pas une option ; je poursuivrai jusqu'à la victoire par le Christ, au nom de Jésus.*

L'UTILITE DE VOTRE SOUTIEN

Il est très clair, suite aux nombreux miracles, aux multiples percées et aux transformations des vies, que Dieu a choisi de se servir de ce ministère pour stimuler le réveil parmi Son peuple au Cameroun et au-delà. J'ai reçu l'appel seul, mais je ne peux pas l'exécuter tout seul. Vous avez un rôle unique à jouer dans la réalisation de ce projet divin. Joignez-vous à nous pendant que nous propageons l'évangile dans chaque coin du Cameroun, et au-delà de ses frontières.

Nous voulons commencer à placer des exemplaires de ce livre dans les hôtels, les hôpitaux, les écoles et les maisons, pour toucher les vies des gens avec l'évangile de Jésus-Christ. Tout comme vous avez été béni par ce livre, eux également seront grandement bénis.

TÉMOIGNAGE

Chaque mois, des centaines d'exemplaires de ce guide de prière quotidienne sont distribuées gratuitement grâce au geste de générosité de nos partenaires. Que Dieu bénisse chacun d'entre vous qui a sponsorisé fidèlement cette œuvre par sa semence financière.

Vous également vous pouvez sponsoriser 10, 25, 50, 100 ou plus d'exemplaires de ce livre pour qu'ils soient imprimés et distribués gratuitement à tous ceux qui ont faim de la Parole. Appelez au numéro (237) 699.90.26.18 ou au 674.49.58.95, ou envoyez un email à :
voiceofrevivalcameroon@yahoo.com.

Si vous voulez devenir un distributeur de notre littérature, contactez-nous directement et nous vous donnerons des directives quant au processus à suivre.

OÙ ACHETER CE GUIDE DE PRIÈRE

Centres RCR
- **Yaoundé:** *Siège Tempête de prière* : 1er étage du bâtiment à étages, Entrée Lycée de Tsinga, village, en bordure de la route principale. **Contacts** : 681.72.24.04/ 695.72.23.40
- **Bamenda:** Revival Christian Book Center, **Cow Street**: 675.14.04.50/ 694.20.04.51
- **Douala/PK 8:** All American Depot en face Lycée **Cité des Palmiers**: 678.04.11.41/ 696.90.76.09/ 670.34.42.32

Adamaoua
- **Meinganga:** MPE: 699.65.02.67/ 670.00.70.24/ 696.13.79.81/ 699.26.14.95
- **N'Gaoundéré:** EEC Mont des Oliviers: 674.14.20.51, EEL: 690.06.37.14
- **Tibati:** EEC: 681.01.33.34

Centre
- **Bafia:** MPE: 675.21.92.95/ 695.54.96.14
- **Eseka:** MPE: 675.07.56.24
- **Mbalmayo:** EEC: 675.12.86.85/
- **Mfou:** MPE: 677.36.43.28
- **Monatélé:** MPE: 677.58.42.99
- **Obala:** Kana Computer Sces en face Palace: 676.00.26.27
- **Yaoundé:** EEC **Biyem-assi**: 675.61.86.00/ 677.49.95.83/ 691.26.18.08, EEC **Nlongkak**: 677.56.41.09, EEC **Nouvelle Alliance**: 670.80.56.93, MPE **Biyem-assi**: 675.14.72.70, MPE **Etoug-Ebé**: 671.47.75.78/ 673.50.42.33, Galaxy Computers, Châteaux **Ngoa-Ekelle**: 670.52.75.26
- **Yaoundé: Librairie Chrétienne** Les Champions en face Total Caveau, **Mvog-Ada**: 675.51.02.86, **LC Maison de la Grâce**, Montée Jouvence en face Olympia: 675.38.46.96, **LC**

Maison de la Bénédiction, Marché Nsam: 691.64.47.84, **LC la Rhema**, Marché Essos, Terminus: 679.39.37.42, **LC Maison du Salut**, Pharmacie du Soleil, Carrefour MEEC: 674.85.16.33/ 699.33.85.11, **LC Livre de Vie**, Mini ferme: 675.00.45.60, **LC Bethesda**, Tsinga: 679.97.06.26, **Overcomers Christian Bookshop**, en face Djongolo Hospital, Etoa Meki: 677.164.620, **Mount Zion Christian Bookshop**, en face Sonel TKC: 663.258.623 / 675.219.435
- **Yaoundé: Tongolo**: 675.62.86.00, **Olembe**: 651.63.52.34, **DGI-Carrefour Abbia** 652.22.22.49, **Messassi**: 675.24.70.73, **Nkozoa**: 670.29.50.18, **Essos**: 677.53.94.52, **Odzja**: 672.34.34.68/ 679.97.47.08, **Etoug-Ebé**: 675.37.18.11, **Mimboman**: 699.90.52.84, **Poste Centrale**: 650.70.08.07, **Emombo**: 699.90.52.84, **Lycée Emana**: 677.86.23.14

Est
- **Batouri:** MPE: 664.86.41.80
- **Bertoua:** CBC, **quartier Ngaikada** ou **Aprilé centrale** sous-préfecture: 675.00.64.64, Collège Bilingue de l'Orient, entrée Hôpital Régionale, **quartier Italy**: 670.56.81.49, MPE, **Nkolbikon**: 696.57.95.43, 677.65.46.76, MPE, **Tigaza**: 674.15.13.18
- **Yokadouma:** MPE: 673.16.24.95/ 696.51.73.70

Extrême-Nord
- **Maroua:** AMI **Ouro-tchaedie**: 694.43.33.63, MPE de **Harde**: 675.33.12.27, Église Catholique Romaine: 673.15.19.76
- **Yagoua :** MPE: 675.691.869

Littoral

- **Douala: MPE** Nouvelle Deido: 677.79.26.96,**Dakar:** La Gloire Phone, immeuble X Tigi, Commissariat 11e: 697.60.57.85, **Kotto:** Derrière la station Neptune, **Bloc M:** 677.68.18.52, **Bonaberi:** 677.89.87.46, **Akwa:** 672.89.78.25/ 691.04.14.59/ 677.85.46.69/ 677.91.29.45, **Longpom:** 677.68.18.52/ 651.78.57.30, **Bepanda:** 677.42.75.24, Carrefour Lycée de **Maképé:** 698.09.42.63, **PK12:** 677.91.29.45/ 696.13.99.26, **Texaco-Nkololuon:** 675.18.79.85/ 691.04.14.59, La Gloire Phone, maison X.Tigi, **Carrefour entrée Bille:** 678.19.90.85, **Poste Ndokoti:** 677.94.52.42 / 691.04.14.59, **Pk21:** 670.79.05.40/ 691.04.14.59, **Bonanjo:** 691.04.14.59, **Marché centrale:** 675.01.07.63/ 691.04.14.59, **Akwa Union Bank:** 652.03.00.86, **Ange-Raphael ESSEC:** 694.26.12.28/ 677.91.29.45, **Bonamoussadi Maetur:** 694.26.12.28 /677.91.29.45, **Village:** 670.79.05.40/ 691.04.14.5, **Sure Foundation Rondpoint Deido:** en face Total Bonantone: 671.577.300, **Sure Foundation Bonabéri:** Ancienne route en face Lycée de Bonaberi Chapelle des Vainqueurs: 652.541.464, **Wisdom Christian Bookshop Béssengué:** en face Majesty Pressing, Cinéma Éden: 677.853.842, **Wisdom Christian Bookshop Bonabéri:** Ancienne route entrée EEC Paroise de Besseke, **Radio Vie Nouvelle:** Stade SICAM Ange-Raphael: 672.457.224
- **Nkongsamba:** MPE: 676.40.90.55
- **Melong - GCEPAL:** Tél: 677.80.16.45

Nord

- **Garoua:** MPE: 677.35.62.73/ 694.77.94.78

Nord-Ouest

- **Bamenda:** Bamenda Main Market, **Boutique 15**: 679.451.188, Caisse populaire Carmel (CarCCUL), **Sonac Street**: 651.04.21.27, MPE Bureau régional du NO1, en face Garanti Express: 679.46.63.31, MPE, **Cow Street**: 677.21.97.22, MPE, **Mbomassa**: 683.40.40.88, Omega Fire Ministry, **Foncha junction**: 677.93.19.98, Siège ACADI, **Wakiki junction**: 673.51.19.53, SUMAN Christian Book Center, **Sonac Street**: 675.72.91.32/ 665.49.98.48, Victory Computers, Food Market, **Fishpond Hill**: 677.64.19.54, Femmes pleureuses: 696.00.35.07/ 674.57.36.76
- **Batibo:** MPE: 677.31.25.45
- **Mbingo/Njinikom:** BERUDA: 677.60.14.07
- **Jakiri:** MPE, **Nkar**: 677.73.82.91
- **Kumbo:** MPE: 675.72.91.32
- **Mbengwi:** MPE: 677.33.73.86
- **Ndop:** Bruno Bijouterie, gars centrale: 674.97.59.34
- **Wum:** MPE Central ville: 677.64.32.56, Eglise Presbytérienne de Kesu: 677.13.83.51

Ouest
- **Bafang:** MPE: 678.229.966
- **Bafoussam:** Alliance biblique du Cameroun, **Tamdja** derrière SOREPCO: 699.74.79.10, Radio Bonne Nouvelle: 699.93.09.32, LC du **Camp** oignon: 699.51.47.25, LC PAROLE DE VIE, **gare routière de** Ndiangdam: 699.75.50.99, Dépôt RAYON AMBIANCE **marché A**: 699.42.78.47, EEC **Tamdja**: 696.14.90.16, EEC **Kamkop**: 699.44.03.59, EEC **Plateau**: 696.17.54.23, EEC **Toket**: 695.56.43.61, EEC **SOCADA**: 697.85.65.65, EEC **Tyo-Baleng**: 670.89.70.52, EEC **Kouogouo**: 675.42.27.86, EEC **Diangdam**: 698.35.20.37, MPE **Kamkop**: 653.83.11.80, Faith Bible Church: 683.94.01.21
- **Baham :** MPE : 677.47.55.79

- **Bandjoun :** MPE : 676.41.49.09
- **Bangangte :** Eglise Evangélique du Cameroun **Banekane:** 677.86.47.68
- **Banyo :** MPE : 677.92.05.98 / 674.64.71.31
- **Dschang :** MPE : 675.18.79.85 / 656.20.07.02, MPE **Minmeto:** 681.08.78.37 / 655.01.81.09
- **Foumban :** Décoration Splendeur, **CAMOCO**/Tél. : 677.79.30.83/ 694.85.09.25
- **Kombou:** EEC: 675.81.36.07
- **Mbouda:** MPE: 696.10.41.33/ 676.36.18.11, Cyber Café Pressing à-côté d'Éspace Saint Pierre du Fossie, en face Maison du Partie: 675.00.91.15, EEC **Mbouda Centre:** 695.61.97.79

Sud
- **Ebolowa:** MPE: 677.66.00.19/ 671.90.97.22
- **Ebolowa:** 671.90.97.22
- **Kribi:** Carrefour Django: 675.957.912
- **Kye-Ossi:** MPE: 678.78.00.90/ 699.95.96.99

Sud-Ouest
- **Buéa:** MPE de **Molyko**: 677.86.47.68, Molyko, à côté d'Express Union, **Check Point**: 675.06.37.78
- **Ekona:** MPE: 675.84.26.91
- **Kumba:** Caisse populaire Carmel (CarCCUL), **Sonac Street**: 675.45.12.21, Glorious Christian Book Center, **Sonac Street**: 677.62.58.49
- **Lebialem:** MPE de **Talung**, Bamumbu - Wabane: 670.466.121
- **Limbé:** Librairie Amen, **New town**: 677.16.51.62, MPE de **Mawoh**: 675.78.94.19, MPE de **Cow Fence: Centres RCR**

- **Yaoundé:** *Siège Tempête de prière*, **Biyem-Assi Carrefour,** en face Croisade Campus pour Christ: 681.72.24.04/ 696.565.864
- **Bamenda:** Revival Christian Book Center, **Cow Street**: 675.14.04.50/ 694.20.04.51
- **Douala/PK 8:** All American Depot en face Lycée **Cité des Palmiers**: 678.04.11.41/ 696.90.76.09/ 670.34.42.32

Adamaoua
- **Meinganga:** MPE: 699.65.02.67/ 670.00.70.24/ 696.13.79.81/ 699.26.14.95
- **N'Gaoundéré:** EEC Mont des Oliviers: 674.14.20.51, EEL: 690.06.37.14
- **Tibati:** EEC: 681.01.33.34

Centre
- **Bafia:** MPE: 675.21.92.95/ 695.54.96.14
- **Eseka:** MPE: 675.07.56.24
- **Mbalmayo:** EEC: 675.12.86.85/
- **Mfou:** MPE: 677.36.43.28
- **Monatélé:** MPE: 677.58.42.99
- **Obala:** Kana Computer Sces en face Palace: 676.00.26.27
- **Yaoundé:** EEC **Biyem**-**assi**: 675.61.86.00/ 677.49.95.83/ 691.26.18.08, EEC **Nlongkak**: 677.56.41.09, EEC **Nouvelle Alliance**: 670.80.56.93, MPE **Biyem**-**assi**: 675.14.72.70, MPE **Etoug**-**Ebé**: 671.47.75.78/ 673.50.42.33,Galaxy Computers, Châteaux **Ngoa**-**Ekelle**: 670.52.75.26
- **Yaoundé: Librairie Chrétienne** Les Champions en face Total Caveau, **Mvog**-**Ada**: 675.51.02.86, **LC Maison de la Grâce**, Montée Jouvence en face Olympia: 675.38.46.96, **LC Maison de la Bénédiction**, Marché Nsam: 691.64.47.84, **LC la Rhema**, Marché Essos, Terminus: 679.39.37.42, **LC Maison du Salut**, Pharmacie du Soleil, Carrefour MEEC:

674.85.16.33/ 699.33.85.11, **LC Livre de Vie**, Mini ferme: 675.00.45.60, **LC Bethesda**, Tsinga: 679.97.06.26, **Overcomers Christian Bookshop**, en face Djongolo Hospital, Etoa Meki: 677.164.620, **Mount Zion Christian Bookshop**, en face Sonel TKC: 663.258.623 / 675.219.435
- **Yaoundé: Tongolo:** 675.62.86.00, **Olembe:** 651.63.52.34, **DGI-Carrefour Abbia** 652.22.22.49, **Messassi:** 675.24.70.73, **Nkozoa:** 670.29.50.18, **Essos:** 677.53.94.52, **Odzja:** 672.34.34.68/ 679.97.47.08, **Etoug-Ebé:** 675.37.18.11, **Mimboman:** 699.90.52.84, **Poste Centrale:** 650.70.08.07, **Emombo:** 699.90.52.84, **Lycée Emana:** 677.86.23.14

Est

- **Batouri:** MPE: 664.86.41.80
- **Bertoua:** CBC, **quartier Ngaikada** ou **Aprilé centrale** sous-préfecture: 675.00.64.64, Collège Bilingue de l'Orient, entrée Hôpital Régionale, **quartier Italy**: 670.56.81.49, MPE, **Nkolbikon:** 696.57.95.43, 677.65.46.76, MPE, **Tigaza:** 674.15.13.18
- **Yokadouma:** MPE: 673.16.24.95/ 696.51.73.70

Extrême-Nord

- **Maroua:** AMI **Ouro-tchaedie:** 694.43.33.63, MPE de **Harde:** 675.33.12.27, Église Catholique Romaine: 673.15.19.76
- **Yagoua :** MPE: 675.691.869

Littoral

- **Douala: Dakar:** La Gloire Phone, immeuble X Tigi, Commissariat 11e: 697.60.57.85, **Kotto:** Behind Neptune fuel station, **Bloc M:** 677.68.18.52, **Bonaberi:** 677.89.87.46, **Akwa:** 691.04.14.59/ 677.91.29.45, **Logpom:** 677.68.18.52/ 651.78.57.30, **Carrefour Lycée de Maképé:** 698.09.42.63, **PK 12 (Marché):** 677.91.29.45/ 696.13.99.26, **Texaco-**

Nkoulouluon: 675.18.79.85/695112610 691.04.14.59, **Terminus Saint Michel :** 675187985, La Gloire Phone, Maison X. Tigi, **Carrefour entrée Bille:** 678.19.90.85, **PK 21:** 670.79.05.40/ 691.04.14.59, **Bonanjo:** 691.04.14.59, 677061705 691.04.14.59, **Ange Raphael ESSEC:** 694.26.12.28/ 677.91.29.45, 698360441, **Bonamoussadi Maetur:** 694.26.12.28/ 677.91.29.45, **Village:** 670.79.05.40/ 691.04.14.5, Sure Foundation **Bonabéri:** Ancienne route op. Lycée de Bonaberi Winners Chapel: 671.403.761
- **Nkongsamba:** MPE: 676.40.90.55
- **Melong - GCEPAL:** Tél: 677.80.16.45

Nord
- **Garoua:** MPE: 677.35.62.73/ 694.77.94.78

Nord-Ouest
- **Bamenda:** Bamenda Main Market, **Boutique 15:** 679.451.188, Caisse populaire Carmel (CarCCUL), **Sonac Street:** 651.04.21.27, MPE Bureau régional du NO1, en face Garanti Express: 679.46.63.31, MPE, **Cow Street:** 677.21.97.22, MPE, **Mbomassa:** 683.40.40.88, Omega Fire Ministry, **Foncha junction:** 677.93.19.98, Siège ACADI, **Wakiki junction:** 673.51.19.53, SUMAN Christian Book Center, **Sonac Street:** 675.72.91.32/ 665.49.98.48, Victory Computers, Food Market, **Fishpond Hill:** 677.64.19.54, Femmes pleureuses: 696.00.35.07/ 674.57.36.76
- **Batibo:** MPE: 677.31.25.45
- **Mbingo/Njinikom:** BERUDA: 677.60.14.07
- **Jakiri:** MPE, **Nkar:** 677.73.82.91
- **Kumbo:** MPE: 675.72.91.32
- **Mbengwi:** MPE: 677.33.73.86
- **Ndop:** Bruno Bijouterie, gars centrale: 674.97.59.34

- **Wum:** MPE Central ville: 677.64.32.56, Eglise Presbytérienne de Kesu: 677.13.83.51

Ouest
- **Bafang:** MPE: 678.229.966
- **Bafoussam:** Alliance biblique du Cameroun, **Tamdja** derrière SOREPCO: 699.74.79.10, Radio Bonne Nouvelle: 699.93.09.32, LC du **Camp** oignon: 699.51.47.25, LC PAROLE DE VIE, **gare routière de** Ndiangdam: 699.75.50.99, Dépôt RAYON AMBIANCE **marché A**: 699.42.78.47, EEC **Tamdja**: 696.14.90.16, EEC **Kamkop**: 699.44.03.59, EEC **Plateau**: 696.17.54.23, EEC **Toket**: 695.56.43.61, EEC **SOCADA**: 697.85.65.65, EEC **Tyo-Baleng**: 670.89.70.52, EEC **Kouogouo**: 675.42.27.86, EEC **Diangdam**: 698.35.20.37, MPE **Kamkop**: 653.83.11.80, Faith Bible Church: 683.94.01.21
- **Baham :** MPE : 677.47.55.79
- **Bandjoun :** MPE : 676.41.49.09
- **Bangangte :** Eglise Evangélique du Cameroun **Banekane**: 677.86.47.68
- **Banyo :** MPE : 677.92.05.98 / 674.64.71.31
- **Dschang :** MPE : 675.18.79.85 / 656.20.07.02, MPE **Minmeto**: 681.08.78.37 / 655.01.81.09
- **Foumban :** Décoration Splendeur, **CAMOCO**/Tél. : 677.79.30.83/ 694.85.09.25
- **Kombou:** EEC: 675.81.36.07
- **Mbouda:** MPE: 696.10.41.33/ 676.36.18.11, Cyber Café Pressing à-côté d'Éspace Saint Pierre du Fossie, en face Maison du Partie: 675.00.91.15, EEC **Mbouda Centre**: 695.61.97.79

Sud

- **Ebolowa:** MPE: 677.66.00.19/ 671.90.97.22
- **Ebolowa:** 671.90.97.22
- **Kribi:** Carrefour Django: 675.957.912
- **Kye-Ossi:** MPE: 678.78.00.90/ 699.95.96.99

Sud-Ouest

- **Buéa:** MPE de **Molyko**: 677.86.47.68, Molyko, à côté d'Express Union, **Check Point**: 675.06.37.78
- **Ekona:** MPE: 675.84.26.91
- **Kumba:** Caisse populaire Carmel (CarCCUL), **Sonac Street**: 675.45.12.21, Glorious Christian Book Center, **Sonac Street**: 677.62.58.49
- **Lebialem:** MPE de **Talung**, Bamumbu - Wabane: 670.466.121
- **Limbé:** Librairie Amen, **New town**: 677.16.51.62, MPE de **Mawoh**: 675.78.94.19, MPE de **Cow Fence**: 675.73.20.02
- **Misaje:** Kingdom Restoration Parish (KRP) **en face de l'hôpital**: 679.33.66.53
- **Mutengene:** MPE: 675.36.36.84
- **Muyuka:** MPE: 673.428.985, Royal Priesthood Nursery and Primary School: 677.72.76.80
- **Tiko:** MPE: 654.887.557, 674.473.436
- **Tombel:** Eglise baptiste de Waterfall: 677.92.33.58

À l'Étranger :

- **N'Djamena (Tchad):** Evang. Kaltouma Aguidi: (235) 92.97.46.45 / 66.40.82.50
- **Libreville (Gabon):** Rev. Petipa Flaubert: (241) 05.31.27.39
- 675.73.20.02
- **Misaje:** Kingdom Restoration Parish (KRP) **en face de l'hôpital**: 679.33.66.53
- **Mutengene:** MPE: 675.36.36.84

- **Muyuka:** MPE: 673.428.985, Royal Priesthood Nursery and Primary School: 677.72.76.80
- **Tiko:** MPE: 654.887.557, 674.473.436
- **Tombel:** Eglise baptiste de Waterfall: 677.92.33.58

À l'Étranger :
- **N'Djamena (Tchad):** Evang. Kaltouma Aguidi: (235) 92.97.46.45 / 66.40.82.50
- **Libreville (Gabon):** Rev. Petipa Flaubert: (241) 05.31.27.39

**Payez pour vos commandes des livres
(DISTRIBUTEURS UNIQUEMENT)** à : EcoBank N° : 0200212620638901 **ou** ORANGE Mobile Money, N° de compte : 696880058
Infos lignes : (237) 677.43.69.64, 675.68.60.05, 673.57.19.53, 679.46.57.17 ;
crnprayerstorm@gmail.com,
crnprayerstorm@christianrestorationnetwork.org,www.christianrestorationnetwork.org

Envoyer votre soutien financier à :
Ecobank N°: 0040812604565101 **ou** Carmel Cooperative Credit Union Ltd. Bamenda N° de compte: 261 **ou** ORANGE Mobile Money: 699902618 **ou** MTN Mobile Money: 674495895

PUBLICATIONS DU RÉSEAU CHRÉTIEN DE RESTAURATION (RCR/TEMPÊTE DE PRIÈRE)

1- Tempête de prière : guide de prière quotidienne
2- Le pouvoir doit changer de camp Tome 1 : Traiter avec les mauvaises fondations
3- Le pouvoir doit changer de camp Tome 2 : Poursuis, dépasse et récupère tout
4- Le pouvoir doit changer de camp Tome 3 : Jésus-Christ doit régner
5- Le pouvoir doit changer de camp Tome 4 : Lève-toi et brille
6- Le pouvoir doit changer de camp Tome 5 : La restauration des familles 1
7- Le pouvoir doit changer de camp Tome 6 : La restauration des familles 2
8- Le pouvoir doit changer de camp Tome 7 : Bâtis un autel
9- Le pouvoir doit changer de camp Tome 8 : Commander la victoire totale
10- Le pouvoir doit changer de camp Tome 9 : Jouir de votre liberté en Christ
11- Le pouvoir doit changer de camp Tome 10 : Percée surnaturelle
12- Festival de feu Séries no. 1 : Que le feu descende
13- Festival de feu Séries no. 2 : Vases oints
14- Festival de feu Séries no. 3 : Agent de Dieu pour le réveil
15- Festival de feu Séries no. 4 : Bâtir des autels de restauration
16- Festival de feu Séries no. 5 : Les fondements d'une famille bénie
17- Domination

18- Débordement Divin
19- Inébranlable
20- Des sommets plus élevés
21- Arrêter les destructeurs de la famille 1
22- Arrêter les destructeurs de la famille 2
23- Prier comme Jésus
24- Vaincre le géant appelé pauvreté
25- Une vie généreuse
26- Lie l'homme fort
27- Une délivrance personnelle et familiale pour toi
28- Faire la différence par le feu
29- Ton moment d'expansion divin
30- Jésus notre jubilé
31- Le choix d'un ami
32- Les Chrétiens et la politique
33- Une vie de prière dynamique
34- Restaurer les fondations brisées

NB : Tous nos parutions sont en Anglais et Français.

Pour obtenir des copies, veillez contacter votre librairie locale ou envoyez votre commande à :

Prayer Storm Team
BP 5018 Nkwen, Bamenda ;
Tel. : (237) 679.46.57.17 ou 675.68.60.05 ou 677.43.69.64
crnprayerstorm@gmail.com
prayerstorm@christianrestorationnetwork.org

Boutique Tempête de prière en ligne :
Avec MTN ou Orange Mobile Money *(pout les résidents au Cameroun)* et le portefeuille électronique *(pout ceux résidant à*

l'étranger), vous pouvez facilement obtenir la version électronique de ce livre et d'autres parutions du RCR via www.amazon.fr au https://shorturl.at/pqxyT ou www.christianrestorationnetwork.org/our-bookstore.
à https://goo.gl/ktf3rT

www.ingramcontent.com/pod-product-compliance
Lightning Source LLC
Chambersburg PA
CBHW070606160426
43192CB00026B/1524